JN006559

藤後悦子 監修
Etsuko Togo

藤後悦子・柳瀬洋美
野田敦史・及川留美 編著
Etsuko Togo, Hiromi Yanase,
Atsushi Noda, & Rumi Oikawa

社会的
子育ての
実現

人とつながり社会をつなぐ
保育カウンセリングと
保育ソーシャルワーク

ナカニシヤ出版

はじめに

　本章のテーマは「社会的子育て」「保育カウンセリング」「保育ソーシャルワーク」です。はじめに自己紹介を兼ねて，このテーマを取り上げることとなったきっかけを紹介します。私が子育てや子ども，保育園に関心を持ったのは大学3年生のころでした。学生時代は，勉強，部活動と充実した日々を送っていましたが，自分が本当にやりたいことがはっきりと見えず，自分探しの日々を送っていました。その中でデンマーク人であれば一生に一度は通うという大人の学校「フォルケホイスコーレ」に出会いました。多世代の人と，対話や共同生活を通して学び合い，地域の文化を大切にする中で，住民たちが成長し，卒業後は住民たちが主役となって地域を作っていくという実践に惹かれました。一年間大学を休学してデンマーク，バングラディシュ，インドのフォルケホイスコーレに行き，実際に学校や人々の様子を参与観察してきました。各国を移動する途中で資金不足となったため，インドから帰国し，デンマークのフォルケホイスコーレに出発する間，約1か月間，毎日保育園でバイトをしてお金を貯めました。これが私にとって初めての「保育」との出会いでした。

　保育園での子どもたちとの出会いは新鮮そのものでした。勤務初日は1歳児のクラス。クラスに入ると，子どもたちが，ぴょんぴょん嬉しそうに跳ねていたり，体全身で喜びを表したり，顔をくしゃくしゃにしながら泣いたりしていました。目の当たりにする光景は，私にとっては異文化そのものでした。そして，無条件に私という新しい大人を信頼し受け入れてくれる子どもたちと過ごす中で，私の気持ちも解放されていったことを覚えています。この経験を通して，無条件に受け入れられることや信頼されること，子どもと一緒に大笑いをしながら素直に感情を表出することなどを多くの若者が体験できたら，孤独感で苦しんでいる人が少なくなるのではと思いました。復学後，私は保育園でのバイトを続けながら保育士の資格をとり，保育園という場が多様な人々と出会える場，安心して過ごせる場，そしていつでも戻ってこられる場として存在し

てほしいし，そういう「場」を創りたいと漠然と思うようになりました。

　その後，結婚して子育てがスタートしました。保育の深みや面白みを自身の子育てでも生かしたいと思い張り切っていました。しかし実家から離れた，核家族での子育ては想像とは全く異なっていました。保育や子どもが大好きで，待ちに待った子育てでしたが，日々の時間が経つにつれて，誰か大人と話したくてたまらなくなりました。

　当時は，子育て支援などもまだ盛んではなく，親同士が出会う場もあまりありませんでした。誰かと話したくて，同じぐらいの年の子のママがベビーカーを押して歩いていると，急いで近づいて行って挨拶したものでした。スケジュール表を開いても，何も予定がなく，唯一の予定である「予防接種」「乳幼児健診」を心待ちにしていたことを思い出します。そのような中，仕事の関係で子どもを保育園に預けることができ，保育園を利用した子育てがスタートしました。初めて預けた日。先生方が娘に話しかけてくれるのを見て「私は一人じゃないんだ」と，安心感と嬉しさがこみ上げてきました。この日のことは忘れられません。その後あるご縁から，保育園で心理職として関わることとなり，現在に至るまで20年以上，週1回保育現場での心理臨床活動を行っています。

　以上，私自身の経験について述べてきましたが，自身の子育て経験や心理職の仕事を通して実感することは，子どもたちは多くの人たちから見守られ，かわいがられて育つ必要があるということです。それはまた，子育て中のお母さんやお父さんにも同じことがいえます。私が感じたように「一人で子育てをしているわけじゃないんだ」と保護者が思えると，子育ての孤独感が薄らいでいきます。まさにアフリカのことわざ「子ども一人を育てるには村が丸ごと必要である」ということです。本書では，自分の子どもか否かに関わらず地域の子どもたちを社会で制度的にも精神的にもケアしていくことを「社会的子育て」と定義します。

目指すべき「社会的子育て」とは

　子育てを社会で支えていこうとする社会的子育ての考え方やその実現に向けてのプロセスは，子育て支援という枠組みにとどまらず，社会の成熟や人間の成熟とも直結するものだと思っております。ところで「成熟した社会や成熟した

人間」とはどのようなものでしょうか。「「成熟した」社会とは，持続可能な成長のために何ができるか考える段階を卒業して，持続可能性の実現に向けて必要な行動を起こすべき段階に入った社会のことをいいます。」と国連大学 (2013) は述べています。そして，成熟した人間とは，様々な心理学や哲学で論じ，実証されていますが，一言で述べるなら，基本的人権にのっとった上で，自身の幸せを感じ，他者の幸せをも感じることがきる人間であるといえるかもしれません。

　それでは，子どもを育てることがなぜ人間の成熟や社会の成熟と関係していくのでしょうか。もちろん社会を維持するには人口が必要であり，種を維持していかなければいけませんが，理由はそれだけではありません。まさに赤ん坊が育っていく環境，すなわち保育園を見てください。身体にやさしい食事，五感を意識した生活，食事や睡眠などを大切にした生活，地域の行事や文化などを取り入れた保育，子ども同士の関わり合いを通した社会性の形成，保育者からのケアを通しての信頼感の形成など，人が育つ上で欠かせないものがそろっています。そして，保育の場では，様々な背景を持つ子どもたちを血縁者ではない保育者が中心となり，みんなで育てていくのです。子どもを軸として多様な人々が交わり，つながり，育ち合う場所が保育の場なのです。社会的子育ての実現とは，子どもを皆で育てることを通して，人が成熟する上で大切なものを保育の場を中心に膨らませ，社会にも広げていくことで，社会の成熟も目指していくものなのです。これは冒頭で述べたフォルケホイスコーレの理念とも類似しているのです。

"人とつながる"「カウンセリング」と "社会をつなぐ"「ソーシャルワーク」の融合を目指して

　上記のような理想を掲げることは簡単ですが，現状の保育現場は，近年様々な役割が求められすぎており，保育者の過剰労働が課題となっています。私たち（藤後・野田・及川）は，社会的子育ての実現や保育の課題の解決に向けて，何ができるかを探るべく，2019 年の冬に母親以外の人が子育てに関わるアロマザリングが残っている沖縄の多良間島，沖縄本土の南風原町で 365 日支援が必要な子どもたちのために開園している「元気ルームかなかな」などを訪問し，インタビューを行いました。毎晩ホテルでの熱い議論，そして車の中も飛行機

の中でも続く3人の議論を通して，保育の強みを生かしながら，専門職である
カウンセラーやソーシャルワーカーの活用の可能性を考えていきました。その
後，藤後の20年来のママ友であり家族支援の専門家である柳瀬先生も参加し，
議論を重ね，私たちの問題意識を何とか形にして，社会的に提言ができないか
と思うに至りました。もちろん，保育現場でのカウンセラーやソーシャルワー
カーの設置は，制度的に整っているとはいえません。しかし，2021年8月上
旬に文部科学省が，「学校教育法施行規則を改正し，「スクールカウンセラー」
「スクールソーシャルワーカー」の配置を幼稚園にも準用する」としたことか
ら，今後保育現場にも変化が生じてくるかもしれません。

　本書では，保育現場でカウンセリングやソーシャルワークの視点がどのよう
に求められ，どのように応用可能であるのかを考えていきます。なおもし，み
なさんの職場に専門職としてのカウンセラーやソーシャルワーカーが配置され
ていないとしても，これらの視点を持つことで，日々の子育て支援に新たな風
穴を通すことができるかもしれません。

　最後に本書の執筆者について紹介します。編著者は，長年，心理専門職とし
て子育て支援センターで勤務している柳瀬洋美先生，社会福祉士として福祉や
行政現場での支援経験を持つ野田敦史先生，そして保育者養成教員として，保
育に造詣が深い及川留美先生です。加えて，早期発達支援を行ってきた野澤純
子先生，北欧の福祉を専門とする石田祥代先生，保健や看護を専門とする西村
実穂先生にもご執筆していただいております。その他にも子育て雑誌や番組に
携わってきた太田美由紀さん，アフリカの子育てという興味深い視点をいただ
いた宮地歌織先生，脳研究から執筆してくださった則内まどか先生，法律およ
び子どもの権利の視点を提供してくれた岡本一先生，藤後淳一先生，大屋寿朗
先生も加わり，幅広い内容となっています。ぜひ多くの方に本書を手にとって
いただけることを願っております。最後にコロナ禍の出産，かつ初めての子育
ての中，ご尽力いただいたナカニシヤ出版の山本あかねさんに心より感謝いた
します。山本さん親子を皆が支える社会的子育てが実現することを願っていま
す。

代表　藤後悦子

目　次

本書で紹介されている事例は，すべて架空のものです。

第1章

社会的子育てとは

　第1章では，本書のテーマである「社会的子育て」について考えていきます。母親中心の子育てではなく，「社会的子育て」が今なぜ，求められているのでしょうか。その理由を探るために，進化論や文化人類学，神経生理学の分野から見ていきたいと思います。

1　新しいパラダイムとしての「社会的子育て」とは

　子育ては誰が行うものでしょうか。多くの人が母親や父親を思い浮かべることでしょう。箕浦（2001）によれば，上記のような生みの親が子育てに責任を負うという観念は，日本の歴史において比較的新しいことであるとしています。乳幼児期の死亡率の高かった時代は，子どもは授かりものであり，村全体で大事に育てていくものとして，名付け親・子守親・拾い親などの多様な仮親が子どものための福祉ネットワークとなっていたそうです。

　戦後の高度経済成長とともに，日本の社会構造は大きく変化しました。成人男性は仕事の領域に，成人女性は家族の領域に，未成年者は教育の領域に専従的に関わることが社会モデルとなり，性別と年齢に応じた役割分担がきわめて明確となっていきました（本田，2014）。そしてそれは，女性の社会進出がかなり進んだ現在でもいまだに根強く残っています。このような社会構造は，子育てに様々な影響をもたらしました。それまで男性とともに社会生活を送ってきた女性は，出産するとその多くは子どもと関わる経験がほとんどないまま家庭

で子育てを開始します。核家族が中心である現代では，子育ての負担や責任は，家庭に，そして専業であろうと有職であろうと女性である母親に，大きくのしかかってくるのです。

　このような閉塞的な環境での子育てにより，多くの問題が浮き彫りになってきました。育児不安，児童虐待，育児放棄や親の過干渉による子の自立不全などです。母親にその多くを頼る子育てはすでに限界が来ています。未来の社会を担う子どもたちが育っていくためには，家族だけではなく，たくさんの大人の関わりが必要です。家庭に閉じ込めてしまった子育てを新たなネットワークで支えていくことがこれからの社会に求められているといえるでしょう。

　「社会的子育て」という概念が登場した背景には，前述したような状況があります。社会的子育てと類似する表現として，「地域で子育て」「共同子育て」「子育ての社会化」などがあります。これらの用語に込められた共通する考え方は，血縁家族主体の子育てでは限界があり，「子育て支援社会の構造という大きな枠組みの中で，共に子育てを行っていく」(山本，2016) という点です。本書では，「社会的子育て」の実現に向けて，心理，社会福祉，保育の分野から検討していきます。特に保育現場を軸にして，"人とつながる"「カウンセリング」と "社会をつなぐ"「ソーシャルワーク」の融合を目指していきます。

2　社会的子育ての理論的基盤

　各論に入る前に，まずは本書のテーマである「社会的子育て」の理論的背景を見ていきましょう。近年注目されているものが，チンパンジーの子育て，ホルモンのバランス，脳の発達，進化論などの知見です。

(1) チンパンジーの子育て研究から得た知見

　京都大学霊長類研究所では，チンパンジーの7組の親が出産してきましたが，子どもたちの育児の様子を見ていると，「介助保育」という形で子育ての仕方を援助してあげないといけないことがわかりました (松沢，2015)。すなわち，実験室にいるチンパンジーは，実際の子育てを近くで見て学ぶ機会がないので，出産したからといってすぐに子育ての技術を持ち合わせていないのです。過去

46 年の出産 534 例を調べた松沢によると，チンパンジーには年子がおらず，出産間隔は 5 年に 1 度だそうです。次の出産までに野生のチンパンジーは，周囲の助けなしに母親のみが子どもを育てるために，5〜6 年の期間が必要になるのです。最長 50 歳の寿命の中，一匹のチンパンジーが平均約 6 匹を産み育てます。一方，チンパンジーとよく似た生態である人間の場合，年子で産んだり，2〜3 年という短期間で子どもを産んだりすることができます。このように人間がすぐに子どもを産むことができる理由は，「人間には，伴侶がいて，孫の世代を育てるお年寄りがいる。母親以外の仲間が助けて，『子どもたち』をみんなで一緒に育てていくから」だと，松沢（2007）は述べています。

(2) ホルモンから見た社会的子育て

　京都大学大学院教育学研究科の明和政子教授らは，社会的子育てと関連する共同養育をオキシトシンと脳の活動から研究しています。父親をはじめとして多くの人が子育てに関わることで，母親のオキシトシンの分泌が増加し，母親の心理的安定をもたらし，子どもへの愛情を高めることができるそうです。また父親も育児に参加することでオキシトシンが多く分泌され，より積極的に育児に関わるようになります（明和，2016）。

　父親以外にも兄姉が子育てに関わることでそれぞれのオキシトシンの増加が見られることが，大家族で子育てを行う小型霊長類のコマンマーモセットで確認されています。コマンマーモセットは，年に 2 回出産し，1 回の出産に 2 頭生まれることもあります。新生児が親の 10 分の 1 もの体重（30 g 以上）があるために，母親だけでなく皆で育児に参加しないと子どもを育てることができません。そこで，父親や兄姉もすべて子育てに参加するのです（中村，2011）。乳児誕生後，子育てに関わった父親や兄姉は，乳児誕生前後のオキシトシンを比べると，全員増加していました（Finkenwirth et al., 2016）。

(3) 生物的進化・文化人類学の視点から見たアロマザリング

　生物的進化・文化人類学では「母親以外の養育行動」をアロマザリングという用語で説明しています。近年，男女共同参画社会の流れからも，このアロマザリングが注目されています。先ほどのコマンマーモセットの例もアロマザリ

ングといえます。近年アロマザリングの例として，沖縄県多良間島の姉守の様子が報告されており，そこでは子どもはアロマザリングを通して，複数の異なる価値観に触れながら文化を学んでいきます（根ヶ山，2016）。また，里親制度もアロマザリングといえるでしょう。最近では，アロマザリングが子どもの認知発達や情動的発達，社会性や寛容性など，特に非認知発達に有効であることがわかってきています（Burkart & Finkenwirth, 2015）。

　以上，社会的子育てを支える代表的な理論的背景を見てきました。このように社会的子育てという考え方は，決して観念的な理想論ではなく，科学的根拠に基づいた考え方なのです。

3　社会的子育てと子育て支援

　さて，「社会的子育て」は，近年の子育ての限界から注目されるようになったことは前述したとおりですが，子育てに対して社会的・公的機能が関わるという「子育て支援」は昔からあったわけではなく，ここ 30 年ほどで急速に広まり，議論されるようになってきました。そのきっかけや動向を見ていきましょう。「子育て支援」が着目されるようになったきっかけは，出生率の低下や母親の育児不安でした。未来の経済の担い手である子どもが減少していくことを危惧し，政府は少子化対策の施策として 1994（平成 6）年にエンゼルプランを発表しました。そこでは，女性の仕事と子育ての両立支援や，在宅で子育てをしている家庭の子育て負担の軽減などが図られました。

　2000 年代に入ると子育て支援は少子化対策としてだけではなく，子どもの健やかな育ちも視野に入れた次世代育成へと発展していきます。2005 年国民生活白書の中には「子育ての社会化が重要である」と述べられ，公的な用語として「子育ての社会化」という言葉が登場してきました。2012（平成 24）年には，子ども・子育て関連 3 法が公布され，子育て支援法の総則には「子ども・子育て支援は，父母その他の保護者が子育てについての第一義的責任を有するという基本的認識の下に，家庭，学校，地域，職域その他の社会のあらゆる分野における全ての構成員が，各々の役割を果たすとともに，相互に協力して行われなければならない。」と明記されました。すべての家庭の子育ておよび子

どもの育ちに対して，国が財源を投入し，支援をしていく土台ができたといえます。2015（平成27）年には，子ども・子育て支援新制度が施行されました。この制度の背景にある理念は，すべての子どもと子育て家庭が制度から漏れることなく，切れ目のない支援を受けられる社会，乳幼児期から質の高い教育を受けることができる社会を目指すこと（柏女，2015）です。2019（令和元）年に開始された幼児教育の無償化もこうした取り組みの一つとなっています。

4　保育現場に期待される子育て支援とその限界

　子育て家庭の誰もが利用する身近な子育て支援施設として，幼稚園・保育所・認定こども園などの保育施設が挙げられます。保育施設というと，子どもたちの成長・発達を促す施設であるということを思い浮かべると思いますが，児童福祉法では，保育士は「<u>専門的知識及び技術をもって，児童の保育及び児童の保護者に対する保育に関する指導を行うことを業とする者</u>」（下線筆者）としています。このように保育者には，子どもの育ちに関することや，子どもの育ちを支える援助について専門知識をもって保護者を支援すること，現在では在園児の保護者だけてなく，地域の保護者に対しても積極的に支援を行うことが求められています。そして保育施設における子育て支援は，単に家庭の子育て負担を軽減させるということではなく，子どもの最善の利益を念頭に置き，保護者とともに子どもの育ちを喜び合いながら，保護者の養育力を向上させることを目指しています。

　近年保育の現場では，長時間保育に伴う保育者の長時間労働や求められる役割の多様化などが問題になっています。このような保育施設の現場から，現在抱える子育て支援の課題について考えてみたいと思います。

　保育所に通うAちゃんは何日間も同じ洋服を着て登園し，時々体が汚れていることがあります。ネグレクトが疑われますが，保育者はどのように保護者を支援したらよいのでしょうか。子どもは新陳代謝が盛んなこと，衣服を替えることでAちゃんが心地良く過ごせることを保護者に伝えていけば，問題が解決し，Aちゃんの健やかな育ちが保障されるのでしょうか。

　子育ての問題はその背後に複雑な問題を抱えていることがあります。入浴す

ることもままならず，替えの衣服を準備することができないほど経済的に困窮しているのかもしれません。保護者が子どもや子育てに向き合える精神状態ではないのかもしれません。保育者としての子どもの育ちとそれを支える援助の知識だけでは，目の前の問題を根本的に解決することにつながらない場合があります。子育て家庭の環境が多様化している現在，子どもの育ちを様々な社会資源で，そしてネットワークで支えていく必要性があるのです。

（1・2 藤後悦子・3・4 及川留美）

●引用文献

Burkart, J. M., & Finkenwirth, C.（2015）. Marmosets as model species in neuroscience and evolutionary anthropology. *Neuroscience Research*, *93*, 8-19.

Finkenwirth, C., Martins, E., Deschner, T., & Burkart, J. M.（2016）. Oxytocin is associated with infant-care behavior and motivation in cooperatively breeding marmoset monkeys. *Hormones and Behavior*, *80*, 10-18.

本田由紀（2014）．社会を結びなおす　岩波書店

柏女霊峰（2015）．子ども・子育て支援制度を読み解く―その全体像と今後の課題―　誠信書房

厚生労働省（編）（2018）．保育所保育指針解説

松沢哲郎（2007）．連載ちびっこチンパンジー　第66回　人間とチンパンジーの子育ての違い　科学　2007年6月号　Vol. 77 No. 6　岩波書店

松沢哲郎（2015）．チンパンジーと博士の知の探検　第25回　親と離せば子育て不能に　日本経済新聞　2015年11月8日朝刊

箕浦康子（1990）．文化のなかの子ども　東京大学出版会

明和政子（2013）．霊長類としてのヒトの子育てを考える　心理学ワールド，*62*，9-12.

中村克樹（2011）．コモンマーモセットを用いた霊長類研究の動向（第29回大会　特別講演2）基礎心理学研究，*30*（1），79-85.

根ケ山光一（2016）．アロマザリングの島の子どもたち―多良間島の子別れ―　教育心理学年報，*55*，219-225.

藤後悦子（2012）．中学生のナーチュランスを形成する発達教育プログラム　風間書房

山本由紀子（2016）．「子育ての社会化」と子どもの育ち　太成学院大学紀要，*18*，83-88.

子育てを支える脳科学

「子どもがどうして泣いているのかわからない」「子どもをかわいいと思えない」そんな悩みを持ち子育てに困難感を抱えたお母さんたち。そして親に素直に甘えることや，気持ちを表現できなくなっている子どもたち。親子の脳に何が起きているのでしょう？　乳幼児と養育者への治療的な支援に携わる中で，神経科学的な根拠に基づく支援の必要性を強く感じるようになりました。

　妊娠・出産を経て母親の脳や身体は，育児行動を獲得し，維持するために大きく変化します。そして母と子の相互作用の中で，子どもの成長に合わせるように母親の脳は適応的に機能します。近年，機能的磁気共鳴画像法（fMRI）など非侵襲的な脳イメージング法を用いて，ヒトの子育てに関わる脳メカニズムの解明が進められています。

　1〜2歳の子どもを持つ母親を対象にした私たちの研究で，母親のわが子に対して抱く愛情に4つの脳領域が関係していることがわかりました（Noriuchi et al., 2008）。つまり母親が，わが子の動画を見て"愛おしい"と感じているとき，わが子の存在自体をご褒美と感じて育児の動機づけを高める前頭眼窩皮質（OFC）と線条体，湧き上がる温かな気持ちを実感させる前頭皮質（AIC），母親自身の心身状態を整えたり，他の動物の育児行動にも深く関わる中脳水道周囲灰白質（PAG）が強く活動していたのです。また，わが子の泣いている動画を見ているときは，母親の脳では内側前頭前野，前帯状回など前頭前野を中心とした多くの領域が活動し，わが子の危機的な状況や心の状態を正確に理解し，適切に応答するための複雑な処理がなされることがわかりました。もちろんこれらの脳活動は子どもへの愛情に関わる4つの領域に支えられています。このように，わが子に対して特別な反応を示す脳領域は，子育ての動機づけや子どもの理解のために，わが子を愛しているという温かな感情で母親を満たし，子どもとの絆を深める特別なメカニズムを作り出しているのです。

　さらに私たちの別の研究では，先ほど紹介した4領域のうち OFC, AIC, PAG の連携した活動が，日常で母親が抱える育児ストレスの調節にも役立っていることがわかりました（Noriuchi et al., 2019）。すなわち母親の脳には，子どもを守り育てるだけでなく，潜在的にストレスフルな育児の中で自身のストレス反応を調整する仕組みがあり，それは母親自身の健康や幸せのためにも不可欠といえます。

Swain（2011）は，「親子の絆は人間性にとって中核的なもので，育児を支える脳領域の活動が，過剰でも不足でも問題のある育児となり，子どもの精神発達に影響する」と述べています。例えば，過剰な活動は強迫的な没頭状態になりうるし，一方で活動の弱さは，虐待やネグレクトなどハイリスクな育児環境をもたらすかもしれないというのです。ここからは推測の域を出ませんが，親自身の子どもへの絆が弱い場合や育児ストレスが強い場合，そうでない場合と比べて異なる脳活動を示すことが予想されます。例えば，前頭前野を中心とした脳活動が減弱している場合，子どものサインを的確に読み取ることが難しくなり，育児の困難感が高まることが考えられます。この場合，育児支援の焦点を具体的に子どものサインを理解することに当てることで困難感が軽減されることが期待されます。また，動機づけや喜びに関わる脳機能が減弱している場合，わが子に対する絆が弱い可能性があり，より幸せや喜びを実感できる心理教育的支援の必要性の根拠となります。実際，わが子が自分を特別に思っていると知り「子どもを愛おしく思うようになった」とか，泣くのは自分を責めているのではないと理解し「何をしてほしいのか冷静に捉えるようになった」というケースもありました。このような背景に脳機能的な変化がどのように生じているのかはまだ不明です。しかし，脳科学的な理解に基づいた「社会的子育て」や「保育カウンセリング」の可能性を多くの脳画像データが教えてくれるのです。親だけでなく，家族，支援者，保育者，ご近所さん，子どもの育ちに関わるすべての人が科学的な知識を共有することで，皆で豊かな育ちの環境を生み出せるはずです。

（則内まどか）

【文献】
Noriuchi, M., Kikuchi, Y., Mori, K., & Kamio, Y. (2019). The orbitofrontal cortex modulates parenting stress in the maternal brain. *Scientific Reports*.
Noriuchi, M., Kikuchi, Y., & Senoo, A. (2008). The functional neuroanatomy of maternal love : Mother's response to infant's attachment behaviors. *Biological Psychiatry*, *63*（4），415-423.
Swain, J. E. (2011). Becoming a parent : Biobehavioral and brain science perspectives. *Current Problems in Pediatric and Adolescent Health Care*, *41*, 192-196.

第 2 章

保育現場の課題

　本章では，子育て家庭の日常を支える保育者が日々の保育現場で抱えている悩みや課題について取り上げていきます。一般に保育者とは，保育所保育士・幼稚園教諭・認定こども園保育教諭や乳児院などの施設保育士のことを指します。

　ここでは，乳児期から就学までの長いスパンで保育に携わる保育所保育士を中心に，子どもの専門職である保育者が保育現場で抱える課題について，巡回相談などを通して保育者を支える心理専門職の視点を交えながら見ていきましょう。

1　保育者による子育て支援

　まず，保育者による子育て支援とはどういうものなのかについて見ていきましょう。

　児童福祉法第18条の4に「保育士とは，第18条の18第1項の登録を受け，保育士の名称を用いて，専門的知識及び技術をもって，児童の保育及び児童の保護者に対する保育に関する指導を行うことを業とする者をいう」という記載があります。

　また，保育所保育指針総則には保育所の役割として次のような記述があります。

1 保育所保育に関する基本原則

(1) 保育所の役割

ア 保育所は，児童福祉法（昭和22年法律第164号）第39条の規定に基づき，保育を必要とする子どもの保育を行い，その健全な心身の発達を図ることを目的とする児童福祉施設であり，入所する子どもの最善の利益を考慮し，その福祉を積極的に増進することに最もふさわしい生活の場でなければならない。

イ 保育所は，その目的を達成するために，保育に関する専門性を有する職員が，家庭との緊密な連携の下に，子どもの状況や発達過程を踏まえ，保育所における環境を通して，養護及び教育を一体的に行うことを特性としている。

ウ 保育所は，入所する子どもを保育するとともに，家庭や地域の様々な社会資源との連携を図りながら，入所する子どもの保護者に対する支援及び地域の子育て家庭に対する支援等を行う役割を担うものである。

エ 保育所における保育士は，児童福祉法第18条の4の規定を踏まえ，保育所の役割及び機能が適切に発揮されるように，倫理観に裏付けられた専門的知識，技術及び判断をもって，子どもを保育するとともに，子どもの保護者に対する保育に関する指導を行うものであり，その職責を遂行するための専門性の向上に絶えず努めなければならない。

（保育所保育指針（厚生労働省 平成29改定，平成30年4月施行）総則，文中の下線は筆者）

さらに，同じく保育所保育指針の第4条では「子育て支援」について次のように述べています。

1 保育所における子育て支援に関する基本的事項

(1) 保育所の特性を生かした子育て支援

ア 保護者に対する子育て支援を行う際には，各地域や家庭の実態等を踏まえるとともに，保護者の気持ちを受け止め，相互の信頼関係を基本に，保護者の自己決定を尊重すること。

イ　保育及び子育てに関する知識や技術など，保育士等の専門性や，子どもが常に存在する環境など，保育所の特性を生かし，<u>保護者が子どもの成長に気付き子育ての喜びを感じられるように努める</u>こと。

(2)　子育て支援に関して留意すべき事項

ア　保護者に対する子育て支援における<u>地域の関係機関等との連携及び協働を図り，保育所全体の体制構築に努める</u>こと。

イ　子どもの利益に反しない限りにおいて，<u>保護者や子どものプライバシーを保護し，知り得た事柄の秘密を保持する</u>こと。

(保育所保育指針第4条（厚生労働省　平成29改定，平成30年4月施行），文中の下線は筆者)

　これまでにも保育所保育指針には「保護者支援」が重要な役割であると明記されていましたが，2018年4月から施行の新しい保育所保育指針では，「保護者支援」から「子育て支援」へと名称が変わり，より一層，地域に開かれた支援に関する記載内容が増えています。幼稚園や認定こども園においても「子育て支援」は重要な役割であり，保育現場は地域の子育て支援の重要な拠点であることがわかります。

2　保育現場の気になる子どもたち

　巡回相談で保育者が「気になる」「対応に悩んでいる」としてよく耳にする子どもたちがいます。

・落ち着きがない
・言動が乱暴である
・集団行動がとれない
・1人で過ごすことが多い
・こだわりが強く，気持ちの切り替えが難しい
・他児と比較し発達が遅れている（または偏っている）
・保育者の指示が入りにくい

・気持ちが不安定

・家庭環境が気になる（虐待が疑われる）　など

　幼稚園・保育所・認定こども園の園長を対象とした「第3回幼児教育・保育についての基本調査」（ベネッセ教育総合研究所，2018）によると，保育者に必要な研修として，園種を問わず，最も多かったのが「特別な支援を必要とする子どもの理解や保育」で，実に全体の7～8割を占めています。こうした子どものアセスメント（見立て）については第6章でくわしく述べますが，保育者が保育を考える上で頭を悩ませるのが，保育現場は子どもたち一人ひとりが育つ場であると同時に，集団生活の場でもあるという点です。クラスを運営する立場にある保育者は，子ども個人の思いをどこまで尊重していいのか，個と集団のバランスをどのように取っていいのか悩むことが多いようです。実際，発達に障害や課題のある子どもに対し，クラス全体や他児との関係の中で，どのような支援や配慮をしたらいいのかという悩みは巡回相談などでも多く受ける相談です。

　このような場合，ともすると個人の課題に気を取られてしまいがちですが，その子どもの特性を個性として生かすという視点を持つこと，個別の支援と合わせてグループダイナミクスを生かした支援を行うことが，個も集団も共に育ち合うような保育を展開していく手がかりとなっていきます。保育者は一人で課題を抱えこむのではなく，保育者同士で連携していくことや他の専門職・機関と連携していくことが大切です。

　また，心理専門職などの立場で保育者を支援していく場合には，子ども個人の課題についてのアセスメントだけでなく，保育全体の様子を見ながら，個と集団との関係性に着目しながら，保育の現状に即した助言を行っていくことが求められます。そして，まず，保育者の努力や苦労に寄り添う姿勢が基本となります。

3　保育現場の気になる保護者たち

　保育者にとって，保護者は保育の大切なパートナーです。しかし，中には保

護者自身が課題を抱えている場合もあり，保護者対応に悩む保育者は少なくありません。また，最初に述べたように，保護者支援は保育者の重要な役割の一つでもあります。

　保育現場で「気になる保護者」としてよく耳にするのは次のような言動の見られる保護者です。

・攻撃的な言動が多い

・自分（またはわが子）に否定的な言動が見られる

・非常に傷つきやすい

・無気力でわが子にも無関心なように見える

・表情が暗い

・自己主張が激しく，自己中心的な言動が多い

・園のルールや提出物の期限などが守れない　など

　中には，虐待が疑われるケースもあり，保育現場では慎重な対応が求められます。

　保育者が最優先すべきは，子どもの最善の利益です。したがって，ともすると子どものことを思うあまり，こうした保護者に対して，怒りや困惑などの負の感情を覚えたり，一刻も早く何とかしなければという思いに駆られたりしがちです。しかし，保護者対応の基本は「一方的に責めない・否定しない」「上から指導しない」姿勢と，まずは，いったんありのままを受けとめ「相手の言動の背景にある要因や思いを理解しよう」という姿勢です。これらの姿勢は信頼関係の構築の基盤となるものです。

　また，攻撃的な保護者と無気力・無関心な保護者とでは一見すると両極端で異なるタイプのように見えますが，保護者自身の生い立ちなどが起因となって自己が未成熟であったり自己肯定感が低かったり，実は共通の課題を抱えている場合も少なくありません。発達障害や精神疾患などがある場合もあります。「気になる保護者」に対しては，心理専門職などと連携してしっかりとアセスメントを行った上で対応や支援を行っていくことが必要です。

4　保護者の子育て意識と保育へのニーズ

　それでは，保護者自身は保育にどのようなニーズを持っているのでしょうか。
　ここでは全国の幼稚園・保育園に通う子どもの母親を対象とした「母親の教育・子育てに関する意識」（ベネッセ教育総合研究所「第5回幼児の生活アンケート」2016）をもとに考えていきたいと思います。
　図2-1は母親の子育てに関する意識のうち，否定的な感情に関する項目について就業状況別にまとめ，経年比較したものです。これによると「子どもが将来うまく育っていくかどうか心配になる」と将来への不安を感じている母親が就業の有無にかかわらず多いことがわかります。また，「子どもがわずらわしくていらいらしてしまうこと」，「子どもに八つ当たりしたくなること」，「子どもを育てるためにがまんばかりしていると思うこと」という育児への負担感に関する項目について専業主婦と常勤者に増加傾向が見られ，就業の有無にかかわらず，こうした負担感を和らげるような支援が必要とされています。
　次に，幼稚園・保育園に通う子どもの母親の園への要望について，2000年

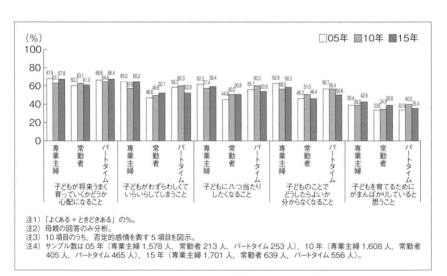

注1）「よくある＋ときどきある」の％。
注2）母親の回答のみ分析。
注3）10項目のうち，否定的感情を表す5項目を図示。
注4）サンプル数は05年（専業主婦1,578人，常勤者213人，パートタイム253人），10年（専業主婦1,608人，常勤者405人，パートタイム465人），15年（専業主婦1,701人，常勤者639人，パートタイム556人）。

図2-1　母親の子育て意識：母親の就業状況別，経年比較（真田ら，2016）

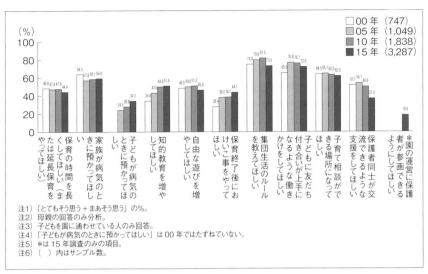

図2-2　幼稚園・保育園への要望：経年比較（真田ら，2016）

から2015年までの変遷と就園状況別に見ていきましょう。

　このうち，子どもの育ちに関する内容に着目してみると，約7割の母親が，15年間一貫して「集団生活のルールを教えてほしい」「子どもに友だち付き合いが上手になるような働きかけをしてほしい」と子どもの社会性が育つような保育を園に望んでいることがわかります。また，約6割の母親が園を「子育て相談の場」として期待していることがわかります（図2-2）。

　一方で，15年の間に増加している項目として「知的教育を増やしてほしい」「保育終了後におけいこ事をやってほしい」が挙げられています。これら2項目は幼稚園児よりも保育園児の母親のほうが多く要望しています（図2-3）。

　これらのアンケート結果から見えてくるのは，保育園児・幼稚園児ともに，集団生活の中で社会性を身につけてほしいという保護者の願いです。一方で，保育園においても知的教育やおけいこ事など幼児教育に力を入れてほしいという要望が高まっているという結果からは，就学後のわが子の将来について漠然とした不安にかられる母親が増えているといった状況がうかがえます。こうした幼児教育に関連する子育て不安は，これまで保育園で行われてきた子育て支

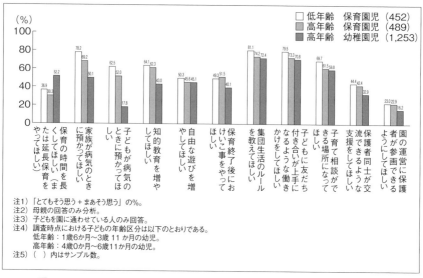

注1）「とてもそう思う＋まあそう思う」の％。
注2）母親の回答のみ分析。
注3）子どもを園に通わせている人のみ回答。
注4）調査時点における子どもの年齢区分は以下のとおりである。
　　低年齢：1歳6か月～3歳11か月の幼児。
　　高年齢：4歳0か月～6歳11か月の幼児。
注5）（　）内はサンプル数。

図2-3　幼稚園・保育園への要望：就園状況別・年齢区分別（真田ら，2016）

援ではあまり意識されておらず，今後は時代とともに変遷する多様化する子育て支援ニーズについても把握し，支援のあり方を考えていく必要があるかもしれません。

（柳瀬洋美）

●引用文献

厚生労働省（2017）．保育所保育指針

真田美恵子・田村徳子・荒牧美佐子（2016）．母親の教育・子育てに関する意識　第5
　　回　幼児の生活アンケート　ベネッセ教育総合研究所

第 3 章

社会的子育てを実現するための
保育カウンセリング

「保育現場でカウンセラーとして働いてみたい！　カウンセリングを活かして子育て支援を行いたい。」と高い志を持たれている方も多いかもしれません。第3章では，保育現場でカウンセラーとして「保育カウンセリング」を実践するにあたり，必要な知識やスキルについて見ていきます。はじめに，一般的なカウンセリングについて理解します。その上で，「保育現場」でカウンセラーとして働くためには，どのようなことに留意する必要があるのかを述べていきます。

1　保育カウンセリングの視点が必要な理由

保育カウンセリングというと，どのようなイメージを持たれますか？　藤後（2010）は，保育カウンセリングの意味を2つの視点から説明しています。一つは心理臨床活動として保育現場で相談機能を高めていく活動です。そしてもう一つは，カウンセリングマインドとして保育の中で，子どもや保護者を理解して，受容的，傾聴的に関わっていく姿勢です。両者ともに重要な内容なのですが，本書では，前者の心理専門職が行う心理臨床活動としての「保育カウンセリング」に焦点を当てていきます。

なぜ通常の「保育」以外に心理専門職による「保育カウンセリング」が求められているのでしょうか。現在の保育現場の様子を見てみましょう。ライフスタイルが多様になる中で，保護者の保育ニーズも多様となっており，幼児期か

らの英語教育，スポーツ教育，自然重視など保育内容に関するニーズや，長時間保育，病児保育などの制度的なニーズまで数多くあります。また保護者や子どもたち自身も多様な支援ニーズを抱えています。例えば保護者の支援ニーズとしては，高い育児不安，虐待のリスク，精神疾患，発達障害，貧困問題，DVなどが挙げられ，子どもたちのニーズとしては，愛着未形成，発達的な特性などが挙げられるでしょう。保護者や子どもたちが抱える問題は，今までは血縁や地域で支えていましたが，その支援が成り立たなくなってきているため，保育現場に期待される役割は大きくなっています。今後も愛着の形成支援や発達支援は保育カウンセリングの重要な側面となるでしょう。

そしてもう一つの社会的ニーズとしては，急速に多文化社会が進んでいることと関連します。日本に在住している外国人の数を見てみましょう。2020年6月の時点で，日本に住む外国人は288万人で，日本の人口の約2％となっています。文部科学省（2020）によると，学齢相当の外国にルーツを持つ子どもの住民基本台帳上の人数は，小学生相当8万7033人，中学生相当3万6797人の合計12万3830人と報告しています。外国にルーツを持つ子どもや保護者は言葉や文化の壁がありますので，支援ニーズが高いといえるでしょう。

2　保育カウンセリング制度と関連する資格

さて，保育カウンセリングと類似する言葉として「スクールカウンセリング」という言葉があります。スクールカウンセリングは，公的な制度であり，自治体の監督のもと，事業が展開されています。私立学校の場合は，公立の制度に準じながらも私立学校とカウンセラー個人との雇用契約となります。保育カウンセリングの場合も，表3-1のように東京都日野市や大阪府など公的な制度として整えている地域と私立園が個人的な契約としてカウンセラーを雇用している場合があるでしょう。筆者は週1回カウンセラーとして勤務していますが，私立園と個人的な雇用契約を結んでいます。

次に保育カウンセリングを行うための資格について見ていきましょう（表3-2）。カウンセラーの後ろ盾となる資格ですが，保育者にとって身近な資格としては，全国私立保育所連盟が認定する「保育カウンセラー」かもしれません。

表3-1　全国の保育・子育て分野での心理臨床活動の現状

	名称例	勤務例	業務内容例
公的な制度	・保育カウンセラー ・子育て支援カウンセラー ・キンダーカウンセラー	東京都日野市保育カウンセラー 大阪キンダーカウンセラー 東京都「子育て支援カウンセラー」（2002 年より） 大阪府私立幼稚園連盟 みどり保育支援相談員（名古屋市）	保護者への個別相談を実施 保護者や地域の入園前の保護者に対して講演会実施 保護者同士の懇談会に参加 各園に対して，気になる子どもの行動観察およびカンファレンスの実施
	発達相談（巡回相談）	各自治体	各園に対して，気になる子どもの行動観察およびカンファレンスの実施
民間の私立園での個別契約	・子育て支援カウンセラー ・カウンセラー ・心理相談員 ・発達相談員	全国各地の保育園や幼稚園	保護者への個別相談を実施 保護者や地域の入園前の保護者に対して講演会実施 保護者同士の懇談会に参加 気になる子どもの行動観察およびカンファレンスの実施 保育者のメンタルヘルスへのサポート

表3-2　保育・子育て分野で活動するカウンセラー等の資格

	資格関連の名称	資格の詳細
1	保育カウンセラー	「保育カウンセラー」とは，公益社団法人全国私立保育園連盟が主催する所定の保育カウンセラー養成講座（ステップⅠ～Ⅲ）を受講した後，同連盟が設置する保育カウンセラー認定審査会において認定される資格。
2	公認心理師	平成 27 年 9 月 9 日に公認心理師法が成立し，平成 29 年 9 月 15 日に施行された心理職の国家資格。原則指定の大学および大学院での単位修得が受験資格として必要。
3	臨床心理士	公益財団法人日本臨床心理士資格認定協会により制定された資格。指定の大学院を卒業することが受験資格。
4	臨床発達心理士	発達の臨床に携わる幅広い専門家に開かれた資格。大学院での指定科目を受講するか，現場経験に加え指定された研修を受講することが受験資格。

注）全国私立保育園連盟，公認心理師，臨床心理士，臨床発達心理士の公式 HP を参照。

この名称は商標登録されていますので，他の心理職は使用できません。心理学を専門とするカウンセラーの場合，公認心理師，臨床心理士，臨床発達心理士などを有していることが望ましいでしょう。ちなみに筆者は心理学を専門とし，有する資格は公認心理師，臨床心理士，臨床発達心理士です。また保育の分野

専門という意味で，保育士も有しています。

3　保育カウンセリングの業務内容とそれを支える理論や知識

　下坂（2018）は「保育カウンセリングは，幅広い理論を土台とし，実際の保育現場に合わせた柔軟な適応が望ましい」と述べています。ここでは，文部科学省（2007）が示しているスクールカウンセラーの業務内容を参考に保育カウンセリングの業務内容について見てみましょう。

　保育カウンセリングの実践にあたり，必要な知識を表3-3にまとめました。狭義のカウンセリングは①面接業務（保護者カウンセリング，保育者のカウンセリング）と②アセスメントを合わせたものです。③のコンサルテーションや④のカンファレンスには，保育の知識が不可欠です。⑤の研修・講話は，保護者や保育者を対象として実施します。⑥の予防的対応は，ストレスチェック実施者として保育者のメンタルヘルスを支えたり，虐待などが発生しないように予防的対応を重視します。⑦の危機介入は，災害発生や虐待への対応など危機に遭遇した際の対応です。⑦のコミュニティデザインは，社会的子育てを実現するための社会への働きかけといえます。保育カウンセリングの対象は，子ども，保護者，保育者となります。参考までに筆者の週1回8時間の勤務内容ですが，午前中は主に子どもの行動観察や保護者面接，お昼寝のときは保育者とのカンファレンスや保育者の個別面接，夕方は保護者面接という流れが一般的です。筆者の場合，ストレスチェック実施者として年1回のストレスチェックを実施し，それに基づいて保育者の面接も行っています。

表3-3　保育カウンセリングで必要な知識（藤後，2010を改訂）

業務	①面接業務		②アセスメント		③コンサルテーション	④カンファレンス	⑤研修・講演会	⑥予防的対応	⑦危機介入	⑧コミュニティデザイン
	大人対象	子ども対象	大人対象	子ども対象						
具体例	・精神医学 ・心理療法 ・心理面接 ・関連する法律	・発達心理学 ・心理療法（遊戯療法etc） ・特別支援教育	・心理面接 ・インテーク ・心理検査	・情報収集 ・行動観察 ・発達検査や知能検査	・コンサルテーションの技法 ・保育の知識	・事例報告会 ・保育の知識	・発達心理学 ・子育てに関連する心理学	・ストレスチェック ・個別面接 ・ストレスマネジメント	・危機理論 ・ファーストエイド ・緊急支援	・協働 ・社会変革 ・コミュニティ心理学 ・関連法律

4　保育カウンセリングで中心となる「面接業務」

　箕口（2010）は，カウンセリングの特徴として①一定の枠組み（基本ルール）のもとでの人間関係（構造の明確化），②専門的援助を目的とした人間関係（目的の純粋性），③独特な援助関係のもとでの人間関係（共感性と独立性の重視）を挙げています。以下，簡単に要約していきましょう。

　①**構造の明確化**：カウンセリングは，予約方法，時間，場所，回数，キャンセルや遅刻への対応，料金の額と支払い方法，守秘義務の徹底などを設定していきます。カウンセリングは，ルールの中で関係が保証されていることで相談者に安心感を与え，カウンセラーと相談者で解決に向けて協同関係を結ぶことが可能となっていきます。

　②**目的の純粋性**：カウンセリングは，雑談や愚痴をいう場ではありません。面接の最初に雑談をあえて取り入れることはありますが，常に治療目的は何か，アセスメントに基づいた個別支援計画（ケースフォーミュレーション）を意識します。カウンセリングは，純粋に心理援助を目的としているからこそ，相談者は自己を開示でき信頼感に基づく話し合いが可能となっていくのです。

　③**共感性と独立性**：カウンセリングは共感をベースとした関係性を作っていきますが，相談者の人生に踏み込むことはなく，相談者の独立性を重視していきます。すなわち最終的にカウンセリングで話し合われたことを主体的に取り入れ，決断していくのは相談者自身なのです。カウンセラーが相談者の悩みを引き受けることはできませんし，相談者の悩みを解決したり，相談者の人格を変えることはできません。あくまでも相談者が自律的に変わっていく手助けをするにすぎないのです。

(1) ロジャーズの3原則

　後ほど述べますが，カウンセリングを実施する際には，カウンセラーがよって立つ立場によってカウンセリングの方略が異なってきます。しかしどの理論によって立とうとも共通する技法やスキルがあります。その一つが有名な「ロジャーズの3原則」の「無条件の肯定的配慮」「共感的理解」「自己一致」です。

「無条件の肯定的配慮」とは，相談者が話す内容について，カウンセラーが価値判断をせずに，どのような内容であれ無条件に受け入れて肯定することです。「共感的理解」とは，相手の感情に寄り添い，同情ではなく共感的理解を示すことです。小林（2018）はロジャーズ（Rogers, C. R.）の共感的理解についてまとめており，ロジャーズが意図した「敏感に正確である感情移入的理解」を行っていくことの重要性を示しています。最後に「自己一致」ですが，これは，カウンセラー自身の自己一致とともに，カウンセラーが感じていることが相談者の言葉や態度と一致することという2つの側面を持っています。カウンセラーの自己理解という観点からは前者の自己一致，カウンセリングの促進という意味では後者の自己一致が不可欠でしょう。

(2) カウンセリングの基本的スキル──繰り返し（反射）・質問・要約・感情の明確化・解釈

　さてカウンセリングの中でカウンセラーは，反射，質問，要約，感情の明確化，解釈などを駆使します。「反射」とは同じことを鏡のように繰り返すことです。例えば，「私とても子育てがつらいんです」と話してくれた相談者に対して，「子育てがつらいんですね」と同じ言葉を返します。同じ言葉を返してあげることは，受容されたという気持ちにつながっていきます。相手が「つらいんです」と言っているにもかかわらず，「子育てが大変なのですね」と伝えたとします。すると相談者は「大変ではなく，つらいんです」と不服な態度を示すかもしれません。言葉のニュアンスの違いで「わかってもらえなかった」と感じることもあるのです。

　次に「質問」についてです。質問の仕方には，Yes-No で答えられる閉じられた質問と，自由に答えられる開かれた質問があります。例えば，「つらかったんですね」「はい」というやりとりは，Yes-No 質問です。Yes-No 質問に対して Yes と肯定的反応を繰り返して答えることで，自身が受容された感覚になっていきます。受容されたという安心感を醸成した後に，開かれた質問で深めていきます。「どういうときにつらく感じるのですか？」と，具体的なエピソードを聞いていきます。すると Yes 以外の広がりのある答えが返ってきます。例えば，「毎日毎日，せっかく子どものために手作りご飯を作ってあげて

も，「これ嫌い」といって食べなかったりするのです。」などと話してくれるか
もしれません。相談者が具体的な話をしてくれた場合，その内容を「要約」す
るとよいでしょう。先ほどの例ですと，「一生懸命作ったご飯を子どもが食べ
てくれなくて，イライラして，悲しくなるのですね」と，相談者が話した内容
を要約し，そのとき生じる感情を「明確化」します。さらに「子どものためと
思って作っているのに，その子どもから自分を否定されてしまう気がするので
すね」などと「解釈」することで，話は深まるかもしれません。ただし，解釈
はあくまでもカウンセラーの仮説であって，正解ではありません。そのことを
相談者に伝え，「この解釈については，どう思いますか？」などと確認しなが
ら，相談者の思考や感情を探っていくとよいでしょう。

(3) 非言語的なメッセージ

カウンセリングでは，言葉でのやりとりも大切ですが，非言語的メッセージ
も重視します。相談者の非言語的態度への感受性を高めておくと同時に，カウ
ンセラー自身がどのような非言語的メッセージを相手に与えているのかを自覚
しておく必要があります。有名なメラビアンの法則によると，私たちがコミュ
ニケーションをとる際に，話の内容は7％，声のトーンや大きさ，速さなど耳
からの情報は38％，そして表情やしぐさ，視線など視覚的情報は55％で相手
に伝わるといわれています。例えば，相談者が「夫とはいい関係です。別に困っ
たことなんかありません」と視線を下に向けたまま小声で話していたとします。
そこからは，「夫との関係に何か課題がある」というメッセージを読みとるこ
とができるかもしれません。

それではもう少し非言語的なメッセージの具体例を見てみましょう（表3-4）。
身体動作としては，姿勢や表情，足や手の組み方，目線，スキンシップの種類

表3-4　非言語的チャンネル（大坊，1998を参考）

分類	具体例
身体的動作	視線，身振り，表現，姿勢
対人距離	人との距離感，パーソナルスペース
人工物の利用方法	化粧，装飾
物理的な環境	家具，照明，温度，車

など，対人距離としては，空間の使い方，人との距離感など，人工物の利用方法としては，化粧，装飾など，物理的な環境としては，家具，照明などが挙げられます。ぜひ相談者の非言語的なメッセージを意識してみてください。

　例えば，「遅刻」について考えてみます。今まで遅刻したことがなかった相談者が，急に「遅刻」してきたとします。これは，どのような非言語的メッセージが考えられるでしょうか。「遅刻」は，カウンセリングの抵抗として考えられます。カウンセリングの内容に対して不満がある場合や，カウンセリングの終結が近づくことで自立への不安に襲われ，まだ終結にしたくないというメッセージとして，捉えることができます。

　なおカウンセラーは相談者の非言語的メッセージを読み取るだけではなく，上手に活用することができます。例えば時間になっても相談者の話が終わらず，長引きそうになる場合，あえてノートを閉じたり，その場に立って扉まで丁寧に送りにいく態度をとることで，「今日はこれでおしまいですよ」と非言語的メッセージを相手に伝えることができるのです。

(4) カウンセリングを支える主な理論

　カウンセリングでは，前述したロジャーズの3原則や基本的スキルを基盤としながら，カウンセラーがよって立つ理論をもとにカウンセリングを進めていきます。主要なカウンセリングの理論を表3-5にまとめています。代表的なものとしては，来談者中心療法，精神分析，家族療法，認知療法／認知行動療法，交流分析，森田療法などが挙げられます。これらは主に大人の面接で使われることが多いでしょう。子どもの面接では，遊戯療法，箱庭療法，行動分析やソーシャルスキルトレーニング，芸術療法などの視点が役に立つことでしょう。一つの理論や手法だけを用いるのではなく，対象者に応じた折衷的アプローチも行われます。

(5) 子どもに関する知識

　保育カウンセリングで欠かせないのが子どもの発達や愛着に関する知識，そして保育に関する知識です。表3-3の業務内容の中では，特に②アセスメント，③コンサルテーション，④カンファレンス，⑤研修・講演会で重要になってき

表3-5　カウンセリングの代表的な理論

理論名	内容
来談者中心療法	ロジャーズ（Rogers, C. R.）により創設されたものです。パーソナリティの変容のための6つの条件を示し，相談者の自己洞察や自己成長を支えていきます。
精神分析的心理療法	フロイト（Freud, S.）によって確立されました。心の構造を無意識のエス，自我，超自我に分類しています。自由連想法を通して，抵抗や転移を取り上げ，解釈，直面化，明確化という技法を用いながら自己洞察を深めていきます。
認知療法／認知行動療法	心の問題に対して，主に認知面を通したアプローチを行っていきます。認知行動療法の一般的なプロセスは，①導入，②見立て，③目標設定，④介入，⑤終結という手続きを通して，所定の回数の中でカウンセリングを行っていきます。
応用行動分析	認知，思想，感情などすべての心的事象は行動を通して明らかになるという考え方から，刺激―反応により問題を分析していきます。機能分析から標的行動を同定し，介入していきます。
森田療法	1919年に森田正馬によって作られた精神療法です。神経症の中核となる恐怖や不安を取り上げ，それらの裏にある生の欲望に焦点を当て，日常生活の中での行動化を促していきます。必要に応じて，入院療法や日記療法も活用します。
交流分析	1950年代にバーン（Berne, E.）が精神分析を基盤に創設しました。エゴグラムによる構造分析，やりとり分析，ゲーム分析，脚本分析を通して対人関係を分析していきます。
箱庭療法	ユング派のカルフ（Kalff, D.）がローエンフェルト（Lowenfeld, M.）の世界技法を発展させました。箱の中に，ミニチュアや砂などを使って無意識の世界を自由に表現していきます。保育の中でも，玩具を使った遊びの様子に子どもの内面が現れているかもしれません。
遊戯療法	遊びを通した心理療法です。受容的な雰囲気の遊びの中で攻撃性や葛藤などが表現されることを通して，子どもの内面を理解し成長につなげていきます。日常の子どもの遊びにも遊戯療法的視点は役に立ちます。
芸術療法	芸術療法としては，絵画療法，音楽療法，心理劇，箱庭療法，舞踏療法，詩歌療法，コラージュ療法，造形療法などがあります。保育現場では，そもそも描画や音楽，ごっこ遊び，造形などが日常的にありますので，芸術療法の視点は保育に取り入れやすいものだといえます。
家族療法	家族をシステムとして，お互いが影響し合っていると捉えていきます。近年，多世代理論，構造派理論，コミュニケーション派理論などがあります。家族の一人のみに働きかけるのではなく，全員で参加しながら影響パターンを理解し，構造的な変容を促していきます。
集団療法	集団療法は幅広く，モレノのサイコドラマ，エンカウンター，ソーシャルスキルトレーニング，運動表現療法など集団を通したアプローチを行っていきます。家族会や当事者会，ピアサポートグループなども該当します。
ペアレント・トレーニング	親の行動変容を目的とした教育的アプローチです。子育て支援としては，カナダのノーバディーズ・パーフェクトなどが有名です。その他にも発達障害児など特定の対象者に特化したトレーニングプログラムも用意されています。
ソーシャルスキルトレーニング	学習理論に基づき，統合失調症や不安障害，発達障害など様々な対象者に焦点を当て，多くの分野で活用されています。保育現場では，発達障害児へのソーシャルスキルトレーニングなどもあります。

（出所）下山・中嶋，2016を参考に作成

表 3-6　子どもの発達に関する代表的な理論

理論	具体的な内容
ピアジェ（Piaget, J.）の発達理論	認知発達段階説です。0歳〜2歳ごろの感覚運動期，2歳〜7歳ごろまでの前操作期，7歳から12歳ごろまでの具体的操作期，12歳から成人期までの形式的操作期の4段階に分かれます。
フロイト（Freud, S.）の発達理論	リビドー（性的エネルギー）を基にした，心理的発達理論です。1歳半ごろまでの口唇期，1歳半から3歳ごろまでの肛門期，3歳から5歳ころまでの男根期，5歳から12歳ごろまでの潜伏期，12歳ごろから成人期までの性器期に分類されます。
エリクソン（Erikson, E. H.）の発達理論	心理−社会的側面を重視したライフサイクル理論です。1歳ごろまでの信頼 VS 不信，1歳から3歳ごろまでの自律性 VS 恥，3歳から5歳ごろまでの自主性 VS 罪悪感，学童期の勤勉性 VS 劣等感，青年期の同一性 VS 同一性拡散，成人前期の親密 VS 孤立，成人期後期の世代性 VS 自己陶酔，老年期の統合性 VS 絶望の8段階に分かれます。
愛着理論	ボウルビィ（Bowldy, J.）が提唱した理論です。愛着のタイプを回避型（Aタイプ），安定型（Bタイプ），アンビバレント型（Cタイプ），無秩序型（Dタイプ）の4タイプに分けています。

（出所）福島，2018 を参考に作成

ます。子どもの発達については，7章で主に扱いますが，ここでは簡単に発達と愛着の代表的な理論を表 3-6 にまとめました。保育現場では，保護者や保育者から発達相談を頼まれることが多いと思います。その際は，表 3-6 の発達理論を踏まえながら，子どもの行動観察やアセスメントを行うとよいでしょう。

(6) 保育に関する知識

　表 3-3 の業務の中の③コンサルテーション，④カンファレンスでは，保育を通した子どもや保育者の支援が中心となりますので，勤務する保育所がどのような保育を行っているのか理解しておく必要があります。どの園も子どもの発達保障や「子どもの最善の利益」を追求するという点では，目指す方向性は共通なのですが，アプローチが保育現場によって異なるのです。少なくとも勤務する保育所が大切にしている保育を生かすような形で支援を考える必要があります。例えば，子どもへの支援内容を提案する際，手作り，自然音，自然色を重視している保育に対して，印刷されたカードでの視覚的教材を提案することやプラスチック製の金属音などの教材を提案しても受け入れてもらいにくいか

表3-7　主な保育理論

主要な保育理論	具体的な内容
倉橋惣三の誘導保育	「誘導保育」とは子どもの遊びを重視し，適切な環境と保育者の生活によって子どもの自発的な活動を誘発し，それを発展させるために誘導をする保育のことです。現在の保育の基本「環境を通した教育」，「遊びの重視」の基となる理論です。
フレーベルの教育思想	子どもの自然な興味や自己活動を重視し，幼児期には自由な遊びこそが大切であるとしました。そして子どもの自由な遊びを展開するために「恩物」を考案し，保育に導入しました。フレーベル（Fröbel, F.）は世界初の幼稚園を創設したことでも知られており，その思想は日本の幼児教育に大きな影響を与えています。
モンテッソーリ・メソッド	医師であり教育思想家であるモンテッソーリ（Montessori, M.）が確立した教育方法です。子どもたちは日常生活の練習，感覚の練習，数・量・形，文化に関する活動等の繰り返しによって多様な内容を吸収し自己訂正や自己教育をしていくという考え方です。この原理をもとに教具が配置され，子どもは自分で選んだ活動を好きなだけ繰り返します。
シュタイナー教育	オーストリアの哲学者シュタイナー（Steiner, R.）が確立した教育方法です。発達段階を重視し，その段階に応じ，一人ひとりの個性を重視した教育を実践します。現在はシュタイナー教育を実践するシュタイナー学校が世界に開設されています。
レッジョ・エミリア・アプローチ	北イタリアのレッジョ・エミリア市で実践されている教育実践です。子どもたちは小グループで特定の事柄について探究するプロジェクトに取り組みます。教師はプロジェクトの過程を文章や写真，ビデオなどの方法を用いて記録したドキュメンテーションを作成します。このドキュメンテーションをもとに，子どもの関心や要求に応じた支援をしていく実践のことです。

（出所）秋田，2019 を引用・参照し作成

もしれません。一般的に療育や障害児保育で有効であるといわれている内容であっても，それを勤務先の保育内容に合うように落とし込むことができてこそ，現場に即した支援といえます。そのためには，表3-7 に示した保育分野で主流であるいくつかの保育理論は知っておいてほしいものです。

(7) 他機関との連携

　保育カウンセリングの業務では，⑦の危機介入や③のコンサルテーションなどにおいても多くの機関との連携が求められます。特に連携が必要となるのは，虐待のケースや就学前相談においてでしょう。

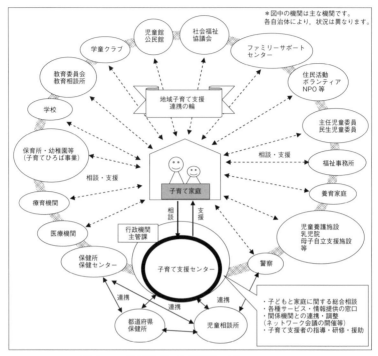

*図中の機関は主な機関です。
各自治体により，状況は異なります。

児童館
公民館

社会福祉
協議会

学童クラブ

ファミリーサポート
センター

教育委員会
教育相談所

住民活動
ボランティア
NPO 等

地域子育て支援
連携の輪

学校

主任児童委員
民生児童委員

保育所・幼稚園等
(子育てひろば事業)

相談・支援

福祉事務所

相談・支援

子育て家庭

療育機関

養育家庭

相談　支援

医療機関

行政機関
主管課

児童養護施設
乳児院
母子自立支援施設
等

保健所
保健センター

子育て支援センター

警察

・子どもと家庭に関する総合相談
・各種サービス・情報提供の窓口
・関係機関との連携・調整
　(ネットワーク会議の開催等)
・子育て支援者の指導・研修・援助

連携

連携

連携

都道府県
保健所

児童相談所

図 3-1　地域子育て支援連携の図（柳瀬，2012）

　虐待のケースでは，子育て支援センター，児童相談所，民生委員，要保護児童対策地域協議会などとの連携が必要となります。就学に向けての発達相談ですと，教育センター，保健センターなどとの連携が必要となるでしょう。このように様々な機関との連携のもとに親子の支援の輪を広げていきます（図 3-1）。

5　記録について

　保育カウンセリングすべての業務に関して，記録が重要になってきます。倫理規程（表 3-8）でも述べられていますが，面接が終わり次第すぐに記録をまとめるように心がけましょう。ところでカウンセリング中に記録をとってよいのでしょうか。カウンセリング中に記録をとると，事情聴取のような印象を与

表 3-8　カウンセラーの倫理規程

項目	内容
守秘義務	・知りえた情報は，対象者の不利益にならないように配慮すること。 ・面接の内容は速やかに記録し保管すること。 ・他者からの開示請求に対しては，原則対象者の同意を必要とすること。
多重関係の禁止	・専門家と，それ以外の明確・意図的な役割を持っている状況の禁止 ・クライアントとの性的関係や恋人関係の禁止 ・利害誘導の禁止
カウンセラーの不在時への対応	・退職や育休産休などカウンセラーの都合で，相談が継続できなくなる場合を想定すること。 ・本人や家族の病気や怪我などにより，急に相談が対応できなくなる場合を想定すること。
インフォームドコンセント	・対象者に自己決定をする能力があることを見立て，対象者が理解できる言葉で説明され理解を得ること，対象者が自己決定する際に意思の自由が保障されていること。 ・グループカウンセリングの場合は，全員にインフォームドコンセントを実施すること。 ・他機関と連携を行う際は，相談者からインフォームドコンセントを得ること。 ・連携の前に守秘義務の範囲を確認すること。
専門性の範囲と資質向上	・自分が専門的援助を行えないと判断する相当な理由が存在する場合，自分の専門能力以上の援助が必要であると判断する場合は，対象者を他の専門機関に紹介すること。

（出所）東京公認心理師協会，2019 を参考に作成

えてしまい，相談者が不信感を持ったり，自己開示を控えることがありますので，原則記録は面接中にはとらないほうがよいと思います。しかしながら，面接が続くと記録をとる時間がなかったり，聞いた内容を忘れてしまうこともあります。記録を面接中にとる際は，「記録をとって構いませんか」と一言，確認をとるようにしましょう。筆者は面接で記録をとる際，メモとして使用し，メモの中で記載した図や内容を，随時相談者に見せ，事実確認を行ったりして，問題を一緒に整理したりします。すなわちカウンセラーは話を整理して一緒に解決するために記録をとっていることを共有するようにしています。また記録は，保育所や幼稚園などそれぞれの組織での保管が求められます。一般的に 5 年間の保管が必要となりますので，施錠のかけ方，閲覧権限などを含めて組織としての規定を作っておきましょう。

6　カウンセラーの倫理規程

　最後にカウンセラーの倫理規程について表3-8にまとめました。各内容について簡単に見ていきましょう。まずは守秘義務についてです。関係機関との連携が広がるにつれ，多くのカウンセラーは，守秘義務等のジレンマに直面することとなるでしょう。集団守秘義務を施行するにしても相談者の不利益にならぬよう十分に気をつけないといけません。次に，多重関係についてです。多重関係が成立してしまうと，公平性や客観的な関係性が担保できなくなってしまいますので注意が必要です。続いて，カウンセラーが不在になる場合についてです。様々な理由でカウンセラーが勤務を欠勤することもありえますし，そもそも勤務の継続が難しくなる場合もあります。カウンセラーの仕方のない事情であっても，相談者にとっては，見捨てられたという思いが膨らんでしまうこともあります。丁寧な申し送りや，突発的な欠勤に関しては組織対応としてのマニュアル等を作成しておきましょう。また，表3-8には記載していませんが，カウンセリングを行う上で最も大切な倫理は，人権意識を持つことです。カウンセラー自身の人間としてのありようが常に問われていますので，真摯に相談者と向き合っていきましょう。

（藤後悦子）

●引用文献

秋田喜代美（監修）（2019）．保育学用語辞典　中央法規出版

大坊郁夫（1998）．しぐさのコミュニケーション：人は親しみをどう伝えあうか　サイエンス社

福島哲夫（編）（2018）．公認心理師必携テキスト　学研

小林孝雄（2018）．ロジャーズ理論の変遷と共感的理解の展開　生活科学研究，*40*，43
　-53.

箕口雅博（2010）．保育カウンセリングの基礎理論　藤後悦子（編）　保育カウンセリング　ナカニシヤ出版　pp. 5-22.

文部科学省（2007）．教育相談等に関する調査研究協力者会議（第2回）配付資料5.
　スクールカウンセラーの業務　https：//www.mext.go.jp/b_menu/shingi/chousa/shotou/066/shiryo/attach/1369901.htm

文部科学省（2020）．外国人の子供の就学状況等調査結果（確定値）概要　https：//ww
　　w.mext.go.jp/content/20200326-mxt_kyousei01-000006114_01.pdf

下坂　剛（2018）．保育カウンセリングと保育ソーシャルワーカー　日本保育ソーシャ
　　ルワーク学会（編）　保育ソーシャルワークの世界—理論と実践—　晃洋書房　pp.
　　145-154.

下山晴彦・中嶋義文（編）（2016）．精神医療・臨床心理の知識と技法：公認心理師必携
　　医学書院

藤後悦子（編著）（2010）．保育カウンセリング　ナカニシヤ出版

東京公認心理師協会（2019）．東京公認心理師協会倫理ガイドライン　https：//www.ts
　　ccp.jp/pdf/rinriguideline_20181029.pdf

柳瀬洋美（2012）．子育て支援ネットワークと子育て支援マップの制作　藤後悦子（編）
　　保育カウンセリング　ナカニシヤ出版　p. 59.

第 **4** 章

支援者と自己理解

　「保育園で，子どものトラブルをなだめようとしてもずっと子どもが泣いている。その泣き声を聞くと，なんだかイライラしてしまう」，「保護者の話を聞いていると，私まで悲しくなって涙が出てしまう。どうにかしてあげないと」，「なんでお母さん，ちゃんと子どもと向き合ってあげないんだろう。怒りがこみあげてしまう」，「保育士さん，子どもに厳しすぎ！」など，保育現場で子どもと接したり，保護者の話に耳を傾けたり，保育者と話す中で，カウンセラーやソーシャルワーカーであっても様々な感情がうずまくものです。この章では，支援者としての自己理解について考えていきます。なお本章で支援者とは主に心理専門職のカウンセラーや福祉専門職のソーシャルワーカーを指しますが，カウンセリングマインドを持って支援している現場職員すべてに応用できます。

1　自己理解の必要性

　保育現場でカウンセラーやソーシャルワーカーとして仕事をする際に，大切なことは相手を理解することです。しかしながら相手を理解するためには，私たち自身の自己理解が必要となります。先ほどの文章を考えてみましょう。支援者である「私」は，なぜ子どもが泣いているとイライラするのでしょうか。なぜ保護者の話に涙が出てくるのでしょうか。なぜ保育者に腹が立ってしまうのでしょうか。保護者から同じ話を聞いて「私」は泣くかもしれませんが，「あなた」は泣かないかもしれないのです。私たちの心が揺れ動くとき，そこには

	自分にわかっている	自分にわかっていない
他人にわかっている	I 開放の窓 「公開された自己」 (open self)	II 盲点の窓 「自分は気がついて いないものの，他人 からは見られている 自己」 (blind self)
他人にわかっていない	III 秘密の窓 「隠された自己」 (hidden self)	IV 未知の窓 「誰からもまだ知ら れていない自己」 (unknown self)

図4-1　ジョハリの窓 (Luft & Ingham, 1961)

何らかの無意識が関与しています。有名なジョハリの窓について説明しましょう（図4-1）。

ジョハリの窓では，自分も他人もわかっている「開放の窓」，他人はわかって自分はわかっていない「盲点の窓」，自分はわかって，他人はわかってない「秘密の窓」，他人も自分もわかっていない「未知の窓」があります。支援者として他人を理解するためには，「開放の窓」を広げること，そして「盲点の窓」と「未知の窓」を意識することで自己理解が深まります。

2　心理検査を通した支援者の自己理解

支援者が他人を理解する際，アセスメントを行います。アセスメントは，心理検査，行動観察，面接（情報収集）という3つの側面から行っていきます。自己理解を行う際もこの3つの側面から行っていくとよいでしょう。その際，パーソナリティ理論や発達的な特性に関する知識が役に立ちます。例えば，パーソナリティ理論に基づいた代表的な心理検査としては，エゴグラムがあります。エゴグラムは，精神科医のバーン（Berne, E.）が心の状態の理解について考えるためにつくったものです。チェックリストの合計を足していくと，親としての側面，大人としての側面，子どもとしての側面のバランスを見ることができます。例えば，筆者自身が自己理解としてこのエゴグラムを実施したところ，父親，よい子の側面が低く，大人，母親，自由な子どもの側面が高く出ました。カウンセラーの仕事を行うときは，この状態で特に問題ないのですが，大学の

教員として大人数の授業をする際は，ルールの一貫性や集団への公平性が求められるため，父親の側面をあえて高めるように意識します。このように自身の特性を理解しておくと，場面に応じた適切な振る舞いができるようになってきます。

　もう一つ心理検査のエピソードを紹介します。カウンセラーとして勤務を継続するためには，私自身も定期的に自己研鑽の一環として心理検査を受けています。そのたびに新しい発見があるのです。例えば，同じ心理検査でも，10年前の結果と現在の結果では異なることがあります。一枚の絵を見て物語を作るTAT（主題統覚検査）という心理検査があります。これは投影法と呼ばれ，無意識の部分が浮き彫りになることがあります。私が初めてこのテストを受けたのは大学院生のときでした。私が作ったストーリーの中に，社会を変えていきたい！というような内容が含まれていました。私自身この結果から，進むべき方向性を確信したのです。その後10年たって同じTATを受けたのですが，もちろん以前と同じようなストーリーを作る絵もあったのですが，子育て中ということも関係したのでしょう。人を育てるというストーリーが多かったことが印象的でした。このように私たち自身の価値観や考え方は環境の影響やライフサイクルによって変わっていくことがわかります。自己理解を促す手段としても心理検査は有用です。

3　支援者の発達的な特性を理解する

　近年，「発達障害」の理解が深まってきました。診断名がつかないまでも，発達の特性というものは誰にでもあるものだと思います。例えば，発達障害の子どもを理解する際，感覚過敏，固有覚，ワーキングメモリー，視覚／聴覚の優位性，不注意，衝動性などのキーワードを用いながら子どもたちを理解していきますが，同じ視点で私たち自身を振り返るとどうなるでしょう。どうしてもミスや忘れ物が多い。雑音が多いと集中できない。年度初めになりクラスや担当の子どもたちが変わると落ち着かなくなるなど，もしかしたら皆さん自身にも発達的な特徴があるかもしれません。自身の特徴を理解することで，様々な工夫も可能になります。例えば，ミスが多かったり，何からやればよいかわ

図4-2　仕事のリスト化の工夫

からなくなったりする人の場合，図4-2のように，仕事を毎日リスト化して，優先順位を先輩や同僚に確認してもらうとよいでしょう。また，周囲の音が気になって保育記録などが書けない場合，ノイズキャンセリングなどを利用するとよいでしょう。

　その他にも，自身の特徴を理解することは，弱みだけでなく強みを生かすことにもつながっていきます。例えば，細かい作業が苦手でも，思い付きやアイデアに優れている場合は，保育所の行事などを決める際，積極的にひらめきを伝えてあげるとよいでしょう。逆のパターンとして，細かいところにこだわる人の場合，書類のダブルチェックやお金の計算などの役割を担うと力を発揮するかもしれません。ぜひこの機会に，ご自身の強みと弱みを整理してみるとよいでしょう。

4　支援者の子育て観を意識化する

　自身のパーソナリティや発達的な特徴を理解できたら，皆さん自身の「家族観」「子育て観」「子ども観」の意識化も行っていきましょう。なぜならば，私たちはそれぞれ家族の中で育ってきており，家族の中で培われた風土や文化が無意識のうちに身についているからです。例えば，「自分が育ったような育ち方は子どもたちにはさせたくない」と思う人や「自分が育ったような子育ての

方法が理想」と思う人もいるかもしれません。その場合，具体的に，どのような大人の接し方が嫌なのか，どのように育てたいのかなど意識化しておく必要があります。そうでないと自分が「このような接し方はしたくない」というような育て方を目の前の保護者が行っていたら，無意識のうちにその保護者に対して嫌悪感を抱いてしまうかもしれません。少し具体的エピソードを用いながら考えてみましょう。

　皆さんに簡単な質問をします。あなたが考える子育てで絶対に「大切にしたいこと」を 10 個，「許せないこと」を 10 個挙げてみてください。

大切にしたいこと 10 個	許せないこと 10 個
1. ＿＿＿＿＿＿＿＿＿＿	1. ＿＿＿＿＿＿＿＿＿＿
2. ＿＿＿＿＿＿＿＿＿＿	2. ＿＿＿＿＿＿＿＿＿＿
3. ＿＿＿＿＿＿＿＿＿＿	3. ＿＿＿＿＿＿＿＿＿＿
4. ＿＿＿＿＿＿＿＿＿＿	4. ＿＿＿＿＿＿＿＿＿＿
5. ＿＿＿＿＿＿＿＿＿＿	5. ＿＿＿＿＿＿＿＿＿＿
⋮	⋮
⋮	⋮

　このワークはよく研修会や講演会で保育者の皆さんを対象に行います。大切にしたいことの上位には「子どもの話をよく聴いてあげる」「子どもに寄り添ってあげる」「子どもに毎日おいしい手作り料理をつくってあげる」，許せないことの上位には「たたくこと」「子育てを放棄すること」「子どもを否定すること」などが挙がってきます。このあたりは，皆さん共感する内容だと思います。実は，私が注目しているのは，10 個の後半部分です。例えば，大切にしたいこととして，「手洗いをしっかりさせる」「帰ったらすぐに宿題をさせる」，許せないこととして「親がいないときに子どもの友達を家に上げること」「子どもを夜更かしさせること（10 時以降に寝せること）」「嘘をつくこと」「添加物を子どもに食べさせること」「幼児がスマホをいじること」「子どもが遊んでいるときに親がスマホばかり見ていること」「親同士でしゃべってばかりで，子どもを気にかけていないこと」などなど，いろいろと出てくるのです。皆さんが子育てで大切にしたいことと，許せないことは，いわば表裏一体です。

私は研修会などでは，「今書いてくださった内容は，皆さん方が子育てを行う中で大切にしている部分だと思いますので，ぜひプライドを持って大切にしてください。」とまずはお伝えします。これは本当にそのとおりだからです。そして次にこう伝えます。「ただ，気をつけておかないといけないことは，私たちが大切にしている価値観を無意識に相手に押し付けてしまわないことです。」と。具体例を示します。例えば，ご自身の子育てでは，スキンシップ遊びやふれあい遊び，絵本の読み聞かせ，手作りおやつなど，忙しい中でも子どもと一緒に楽しみながら子育てをしてきたとします。しかし，カウンセラーであるあなたのところに来た目の前の相談者は，スマホをいじりながら，子どもには iPad の動画を見せていたとします。また面接の中で相談者が「ママたちと遠足に行くとき，みんなおいしそうなお菓子を持たせているのに，安っぽい手作りおやつなど持たせてくる親がいて，困るんですよね。結局その子にみんなの買ってきたお菓子を分けないといけなくなるから」と不満そうに言っていたとします。あなたはどんな気持ちになりますか。もし皆さんの中に，子どものためと思って「手作りおやつ」を日ごろから作ってあげていた人は，なんだかあなた自身も否定された気持ちになるかもしれません。そうして，今度はその相談者を否定したくなるかもしれません。

　面接の中では相談者がなぜ「手作りおやつ」を否定するのか，その背景や価値観を考えていきます。ですが同時に重要なことは支援者自身の心の動きを把握するための「自己理解」です。なぜ私は必要以上に怒っているのかしら。なぜ私は否定された気分になるのかしら。もっと言うならば，なぜ私は「手作り」を大切にするのかしら。など，自分の価値志向やストレスがかかった際の反応の仕方などを客観的に理解しておくとよいでしょう。客観的に自分を知ることができると，突発的な感情の揺れに巻き込まれなくてすむのです。

5　支援者の家族観を理解する

　さてもう一つワークをやってみましょう。1枚の画用紙に「理想の家族」を〇を用いて書いてみてください。〇1つが1人の家族構成員を表します。家系図みたいなものではなく，〇の大きさや数や距離などを意識してみてください。

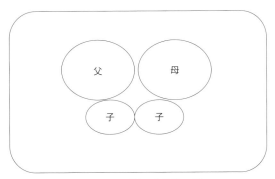

図4-3　理想の家族像の例

皆さんはどのような図を書きましたか？　よくある例としては，4つの○がくっついているものです。上2つの○がお父さんとお母さん。下2つの○が子どもたちです。この絵は，私たちが持っている家族イメージを投影してくれます。私たちは無意識に「家族観」を持っているものです。

　図4-3の絵からもわかるように，「家族」といって思い描く像は，お母さん，お父さん，子ども2人がにこやかに暮らしている姿が多いのではないでしょうか。お母さんが子どもを抱っこしながら愛情をたっぷり注ぎ，お父さんが大黒柱として外で働いて，お母さんを支えてあげる。お家には庭があり，バーベキューなどをしている。家の中には，子ども部屋が2つあり，4人家族で幸せに暮らしている。

　実は，このような家族像は，「近代家族観」と呼ばれています。落合（1996）によると近代家族とは，①家内領域と公共領域の分離，②家族構成員相互の強い情緒的関係，③子ども中心主義，④男は公共領域，女は家内領域という性別分業，⑤家族の集団性の強化，⑥社交の衰退とプライバシーの成立，⑦非親族の排除，⑧核家族，と定義されています。難しい言葉で書かれているようですが，つまるところ，父母と子どもという小さな家族でまとまり，お父さんが仕事に出て，お母さんが家を守り，子ども中心の生活をしているイメージです。そしてその子どもの数が2名なのです。湯浅（2011）は，このような普遍的な「家族」と無意識のうちに思っていた家族像は，実は近代に始まる新しい家族像だったと指摘しています。

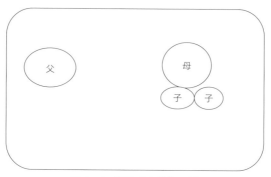

図4-4　現実の家族像の例

　なぜわざわざ家族観を取り上げるかというと，保育や子育ての場の支援活動の中で，うまくいかないケースの一つに，この近代家族観の押し付けがあるのです。例えば，一人っ子のご家庭があったとします。保育者が何気ない言葉で，「次の子はいつかしら。早くお兄ちゃんになりたいね」などと子どもに声をかけるとします。保育者は，悪気なく親しみを込めて声をかけてあげているつもりですが，保育者の無意識に「子どもは2人いるのが当たり前」という考えがあるのかもしれません。保育者から声をかけられた母親は，ちょうど2人目を考えていたタイミングで嬉しかったかもしれませんし，反対に，不妊症で子どもがなかなかできず苦しんでいたかもしれません。保育者としては，親しみを込めた言葉のはずが，相手を傷つけることもあるのです。先ほどの例は，お正月など実家への帰省後の相談の際によく聞く言葉です。「帰省するとみんなから，「次の子は」って言われて，実家に帰るのが負担！」と苦しんでいる人もいるのです。

　さて，先ほどの○の図に戻ります。「理想の家族」を書いてもらった後に，皆さんの実際の家族を書いてもらいます。すると理想の家族は，2つの○が接近していますが，現実は，図4-4のように夫婦の○をかなり遠くに書いたり，お母さんと子どもの○は接近しているものの，お父さんだけ離れて書かれていたりすることもあります。すなわち，理想と現実の家族は異なることが紙の上で表現されるのです。「家族」といっても現在の日本の家族は多様性にあふれています。例えば，若年夫婦，シングル家庭，多国籍の家族，里親の家庭，親

が病気の家庭，同性カップルの家庭など，実に様々です。アメリカの教育番組であるセサミストリートには，多様な家族が登場します。私が最も印象的に残った内容は，「親が刑務所にいる子ども」がどんな思いを抱えているのか，どのような大人の声かけが必要なのかを取り上げていたことでした。様々な家族がいることが当然だからこそ，社会的子育てが重要なのです。皆さん自身の家族観を一度見直し，その家族観を押し付けることのないように気をつけていきましょう。

6　支援者が持つ三歳児神話を意識化する

　三歳児神話という言葉も，少し古くなってきたかもしれませんが，まだまだ多くの人が無意識にこの考えを持っています。三歳児神話とは，子どもが3歳になるまでは，母親の手で育てたほうが良いという考え方です。この考え方は，愛着理論や乳児院で育てられた子どもたちの研究（ボウルビィ（Bowlby, J.）の研究）と相まって社会に広がっていきました。3歳前の子どもたちが保育園に通っていると「かわいそうな子」と言われたり，預けている母親は「あなたが働くから子どもがかわいそう」と言われることもあり，母親は罪悪感にさいなまれながら子育てをしていることも多いのです。

　保育現場でよく聞くエピソードを紹介しましょう。一つは，子ども同士の噛みつきです。子どもの噛みつきは1歳児で特によく起こります。噛まれた子どもの母親が激怒して保育園に怒鳴り込んでくることもたまにあります。「子どもの発達過程ですから」と説明してもまったく納得してもらえないこともあるのです。しかしよくよく話を聞いてみると，あるお母さんは，保育園から帰宅すると，義理のお母さんが噛みつかれた傷跡を見て，「あなたが働いているから。保育園なんかに子どもを預けているから，こんな目に遭うんでしょ」と責められていたそうです。母親は日頃のやりきれない思いを保育者にぶつけてしまっていたようでした。

　またきょうだいの子育てで育休中の母親が1歳児の子どもを保育所に預けていると，保育者から「早く迎えに来てあげてください。子どもがかわいそうでしょう」と言われつらかったとのことでした。他にもある母親は，下の子が生

まれてお姉ちゃんが赤ちゃん返りをするので，赤ちゃんを先に預けて，お姉ちゃんとゆっくり2人でお姉ちゃんのクラスに移動していました。しかし3歳児未満は，お母さんと長く一緒にいたほうがよいという保育所の考え方で，まずはお姉ちゃんを先にクラスに預けてくださいと指導されたそうです。預ける時間数分の違いで赤ちゃんに影響が出るわけではありませんが，しかたなく，お姉ちゃんのクラスに先に行くこととしました。赤ちゃんを抱いているため，ゆっくりと対応ができず，お姉ちゃんが不安定になってしまい不憫でたまらないと話してくれました。平成10（1998）年版『厚生白書』によって，三歳児神話は「少なくとも合理的な根拠は認められない」と公的な見解が示されました。この機会に皆さんもご自身の三歳児神話について振り返ってみてください。

7　逆転移に留意する

　支援者が相談業務の中で最も気をつけないといけないのは，転移や逆転移です。はじめに転移について説明します。転移とは過去の重要な人物との間に生じた感情（または抑圧していた感情）や対人関係のパターンを支援者との関係の中で再現することです。例えば「陽性の転移」とは，母親や父親に対する愛情や依存を支援者に向けてしまうことを指します。陽性の転移が起こってしまうと，支援者に対する依存が起こったり，支援者の理想に合わせようと見せかけの問題解決が生じてしまいます。一方，「陰性の転移」とは，過去の重要な人物の間で生じた恨みや妬み，攻撃性や恐怖などを支援者に向けてしまうことです。

　これらの相談者の転移を受け，支援者が相談者に無意識に向けてしまう感情を逆転移といいます。加藤（2012）は，教育場面において観察されるカウンセラーの逆転移は3つあるとしています。それを保育現場にあてはめると，1つ目は，転移反応を繰り返す親や，子どもたちや保育者の態度に対して，支援者が怒りや不満を抱いてしまうこと。2つ目は，支援者が自らの存在や価値を認められたいという衝動を強く持つために，相談者に迎合したり，相談者の要求に従って従属的な態度を繰り返すこと。3つ目は，相談者から無能であるとか，役に立たないなどと思われることを怖れ，自ら逃避的になり，援助を行うこと

に消極的になることです。

　まとめると逆転移による支援の弊害は，陰性の逆転移が起こってしまうと，相談者の支援者に対する不信感や反発を必要以上に誘発してしまうこと，陽性の逆転移が起こってしまうと，相談者に好意を感じたり，過度なサービスの提供を誘発してしまうことです。さらには，逆転移を通して支援者自身の過去の未解決の問題や抑圧されている問題が引き出されていくこともあります。子育て支援の場面は，支援者自身の親との関係や子ども時代の感情がよみがえりやすいので気をつける必要があります。

8　自己理解を促すための教育分析やスーパーバイズの活用

　カウンセラーやソーシャルワーカーなどの支援者になるための訓練の一つとして，「教育分析」や「スーパーバイズ」というものがあります。「教育分析」とは，支援者自身が定期的なカウンセリングを受けることで，自分自身のコンプレックスや葛藤と直面し，自己理解を促す作業です。「スーパーバイズ」とは，自身が抱える事例やケースについて，経験豊かな先輩から助言や指導をもらうことです。子育て支援は自身の育ちと関連する分野であるからこそ，相談者のケースに引き込まれやすくなります。ケースの経過や援助目的を定期的に確認することで，客観的で適切な支援が可能となっていくことでしょう。保育現場に関わる心理や福祉の専門職の方は，ぜひご自身で教育分析やスーパーバイズを受けてみましょう。そして，カウンセラーやソーシャルワーカーは，専門職として，保育者のスーパーバイズを担ってほしいと思います。

（藤後悦子）

●引用文献

加藤征宏（2012）．カウンセラーの逆転移とその克服に向けての一考察：スクールカウンセリングの経験を手がかりとして　文学部心理学論集，6，47-53.

Luft, J., & Ingham, H.（1961）．The Johari window : A graphic model of awareness in interpersonal relations. *Human Relations Training News, 5*（9），6-7.

落合恵美子（1996）．近代家族をめぐる言説　井上　俊他（編）岩波講座　現代社会学

19巻　〈家族〉の社会学　岩波書店　pp. 23-54.

湯浅康正（2011）．近代家族の成立をめぐる覚書　名古屋学院大学論集，*22*（2），35-42.

第 5 章

保育者のストレスとメンタルヘルス

「保育士続けられるかどうかわかりません……」「私に保育士は向いてないかも」「この仕事のままでいいのかしら」「家庭との両立が難しい」「職場の人間関係がきつい」。これらのフレーズを何度聞いたことでしょうか。仕事継続は，誰しもが一度は直面する問題です。ある人は入職後すぐに。ある人は，指導する立場になって。ある人は子育て期に入って，などそれぞれです。保育現場に関わる皆さんのモチベーションや精神的健康をいかに支えていくことができるか，この章では「メンタルヘルス」の側面から考えていきましょう。

1 職場におけるメンタルヘルス

職場のストレスは，現代社会の大きな問題です。多くの現場で過労死の問題が取り上げられ，2014 年に改正労働安全衛生法（以下，労安法）により，メンタルヘルス対策として「ストレスチェック制度」が 2015 年 12 月 1 日に施行されることとなりました。これにより 50 人以上の労働者がいる職場でストレスチェックが義務付けられ，その実施内容を労働基準監督署へ報告しないといけなくなりました。なおストレスチェックの結果は，本人にフィードバックされるとともに，職場の環境改善のために使われます。

まず，ここまで読んだ方は「え？ うちの保育所，ストレスチェックなんかしていないよ」と思われるかもしれません。実際に多くの保育所では，ストレスチェックがなされていないのが現状だと思います。実は「50 人以上」とい

うのは，法人や会社全体の人数ではなく，一事業所当たりの人数ですので，皆さんの勤めている「保育所」に50人の職員がいなければストレスチェックは「任意」となります。現実には多くの保育所では，まだ実施されていない状況だといえるでしょう。ストレスチェックは有用ですので，皆さんの職場で実施されていないようでしたら，提案してみるとよいでしょう。

　さて，もしストレスチェックの導入が可能となった場合，誰がこのストレスチェックを実施できるのでしょうか。労安法では，「医師，保健師その他の厚生労働省令で定める者」と記載されています。「その他の厚生労働省令で定める者」とは，具体的には国家資格を有している「看護師」「精神保健福祉士」「歯科医師」「公認心理師」となります。保育現場には看護師が勤務していることが多いので，看護師に担ってもらうとよいかもしれません。ただし，医師と保健師以外の前述した資格保持者は，厚生労働省が定める所定の研修の受講が必要となります。筆者の場合，もともとは臨床心理士として職員の心理サポートを行っていました。その後，公認心理師の資格ができたため，公認心理師の資格を取得し，さらにストレスチェック実施者の講習会を受けて修了書をもらい，晴れて「ストレスチェック実施者」になりました。2020年度は新型コロナウイルス感染症禍においてストレスチェック実施者としてストレスチェックを実施し，職員の心理サポートをオンライン面接によって行いました。

2　ストレスモデルとは

　さて，保育者のストレスについて見ていきますが，そもそも保育者のストレス得点は他の職種と比較して高いのでしょうか。また何がストレスの原因となっているのでしょうか。はじめにストレスの仕組みについて見ていきましょう。図5-1は，職業ストレスモデルです。左側にストレスの要因があり，右側にストレス反応があります。そしてストレス要因とストレス反応の真ん中に個人的要因や緩衝要因，仕事以外の要因などが挙げられています。つまり，職場で同じストレス状況に遭遇しても，ある人には大変強いストレス反応が現れるが，ある人には現れないことがあるのです。その違いが中央に位置する個人的要因や緩衝要因といえるでしょう。

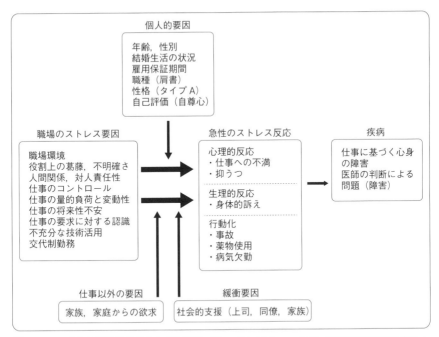

図5-1　NIOSH の職業性ストレスモデル（Hurrell & McLaney, 1988；東京都労働相談情報センターより）

　皆さんは，ストレスがあるとどのような反応が現れますか。自己理解として
もご自身のストレス反応の特徴を知っておくとよいでしょう。図5-1ではスト
レス反応として，心理的反応，生理的反応，行動化の3つに分類されています。
心理的反応とは，やる気が出なかったり，イライラしたり，そわそわしたり，
うつっぽくなったりなどが想像できますね。生理的反応とは，お腹が痛くなる，
頭が痛くなる，病気にかかりやすくなるなどが挙げられるでしょう。そして行
動化とは，ミスが多くなったり，遅刻が増えたり，食べ過ぎたり，アルコール
の量が増えたりなどが考えられます。このようにストレス反応も多岐にわたる
のです。皆さんがどのタイプなのか，そして職場全体を見渡した際に，ストレ
ス反応が出ている人はいないか，など気にかけてあげてください。ストレス状
態の把握のために，厚生労働省（2015）が簡易版ストレスチェック票を作成し
ていますので，参考にしてください（図5-2）。

②職業性ストレス簡易調査票（簡略版23項目）

A．あなたの仕事についてうかがいます。最もあてはまるものに○を付けてください。

	そうだ	まあそうだ	ややちがう	ちがう
1. 非常にたくさんの仕事をしなければならない	1	2	3	4
2. 時間内に仕事が処理しきれない	1	2	3	4
3. 一生懸命働かなければならない	1	2	3	4
8. 自分のペースで仕事ができる	1	2	3	4
9. 自分で仕事の順番・やり方を決めることができる	1	2	3	4
10. 職場の仕事の方針に自分の意見を反映できる	1	2	3	4

B．最近1か月間のあなたの状態についてうかがいます。最もあてはまるものに○を付けてください。

	ほとんどなかった	ときどきあった	しばしばあった	ほとんどいつもあった
7. ひどく疲れた	1	2	3	4
8. へとへとだ	1	2	3	4
9. だるい	1	2	3	4
10. 気がはりつめている	1	2	3	4
11. 不安だ	1	2	3	4
12. 落着かない	1	2	3	4
13. ゆううつだ	1	2	3	4
14. 何をするのも面倒だ	1	2	3	4
16. 気分が晴れない	1	2	3	4
27. 食欲がない	1	2	3	4
29. よく眠れない	1	2	3	4

C．あなたの周りの方々についてうかがいます。最もあてはまるものに○を付けてください。

	非常に	かなり	多少	全くない
次の人たちはどのくらい気軽に話ができますか？				
1. 上司	1	2	3	4
2. 職場の同僚	1	2	3	4
あなたが困った時，次の人たちはどのくらい頼りになりますか？				
4. 上司	1	2	3	4
5. 職場の同僚	1	2	3	4
あなたの個人的な問題を相談したら，次の人たちはどのくらいきいてくれますか？				
7. 上司	1	2	3	4
8. 職場の同僚	1	2	3	4

図5-2 ストレスチェック簡易版（厚生労働省）

3　保育者のストレス要因

保育者のストレス要因は，主に環境要因，ライフイベント，比較的軽い出来事（ハッスル）に分けることができます。順に見ていきましょう。

(1) 環境要因

環境要因ですが，時差出勤，書類業務の多さ，休憩時間や会議時間の確保の難しさなどが挙げられます。具体的に見ていきましょう。出勤の形態は，一般的に固定時間勤務とシフト勤務に分けることができます。多くの保育所では，シフト制がとられており，時差出勤は早番や遅番などいつも時間が一定しないので，生活リズムを整えたり，子育てとの両立が難しいと言われています。また，早番や遅番は得意不得意があるようです。夕方から自由時間を過ごしたいから早番が好きという人もいれば，早番で起きられずに鍵を持っていけなかったらどうしようと前の日から不安になって，なかなか眠りにつけなくなる人もいます。

休憩時間や会議時間の確保の難しさも保育現場の特徴でしょう。保育所は開所中，常に子どもがいるために，お昼寝の時間も保安として子どものそばに誰かがついておかないといけません。そうすると全員そろって対面で情報共有することがほぼ不可能となります。また休憩時間に連絡帳を書く作業が食い込んでしまうこともあるでしょう。その他にもまとまった会議時間は子どもが帰った夜にしか設定できないなど，保育現場特有の課題も存在するのです。

(2) ライフイベント

私たちは，一生涯に様々なライフイベントに遭遇します。ライフイベントは私たちの生活に変化をもたらしますので，ストレス要因ともなるのです。ライフイベントをストレスとして得点化したホームズとレイ (Holmes & Rahe, 1967) の研究は有名ですが，日本でも夏目（2008）が関西地方の大企業の男性従業員1322 名，女性従業員 308 名に同じ調査を実施してみました。保育現場は女性が多いので，女性の結果を中心に見ていきます。基準点を 50 点としてライフ

イベントごとに0〜100点の間でストレス得点を記入してもらったところ1位：配偶者の死（82点），2位：親族の死（78点），3位：会社の倒産（74点），4位：離婚（72点），5位：夫婦別居（69点），6位：自分の病気やケガ，多忙による心身の過労，8位：仕事上のミス，300万以上の借金，9位：会社をかわる（62点）と続きました。

　この調査結果は保育者を対象としたものではありませんが，同じ女性の労働者として参考になるでしょう。保育者であれば，これらの項目とともに，出産，育休からの仕事復帰，クラス替え，役職への昇進なども考えられるでしょう。一見すると肯定的な出来事であっても，その人にとっては大きな「変化」になりえます。自分自身だけでなく，周りの人のライフイベントの変化にも気をつけてみましょう。

(3) 比較的軽い出来事（ハッスル）

　次に先ほどの大きなライフイベントではなく，日々の軽い出来事について見てみましょう。「日々の軽い出来事」と書いていますが，実際には「軽く」ないのが，日常的に私たちを取り巻く人間関係です。保育現場では，多様な人間関係が交差します。具体的には，子どもとの関係，保護者との関係，そして職員同士の関係，地域の人との関係などが想定されます。どの関係においても，保育者は，感情労働と呼ばれるように，常に自身の感情をコントロールしながら，相手に寄り添い，共感的な対応をとることが求められます。昨今，配慮が必要な子どもも増加しています。愛着形成不全の問題，発達に課題がある子どもの増加，外国にルーツを持つ子どもの増加など様々な対応が求められます。

　さらに保護者対応も大きな課題となっています。クレームをはじめとする保護者対応は，若い保育者には難しい問題です。精神的疾患を有する保護者も増えており（赤瀬川，2019, 2000），保育者は専門的な知識のもとでの対応が求められています。例えば子ども同士のけんかやトラブルについて怒鳴り込んでくる保護者も多いのではないでしょうか。また精神的健康度の低い保護者の場合，保護者が朝「おはようございます」と挨拶したものの，たまたま保育者が忙しくて挨拶に気づかなかったとします。すると「先生は私のことを嫌っている。無視された」と思い込む場合があるのです。保育所の行事の後も要注意です。

親同士の輪に入れなかったといって落ち込む保護者も多いのです。加えて，年長になるにつれて家族ぐるみの付き合いが始まると，「うちの子は，週末の遊びに誰も呼んでくれない」「Facebook を見たら，何家族もで遊びに行って，私は呼ばれていない」など，ささいなことで保護者は揺れ動きます。その揺れた保護者を保育者が支えることとなるので，精神的負担度は大きいといえるでしょう。

　そして人間関係で最もやっかいなものが職場内での不調和です。厚生労働省の令和 2 年度の「令和 2 年版過労死等防止対策白書」（本文）では，「仕事や職業生活に関する強い不安，悩み，ストレスを感じる」とした労働者のうち，「対人関係（セクハラ・パワハラを含む）」が 31.3% でした。保育現場も例外ではなく，保育者の人間関係が原因で離職する人が実はとても多いのです。離職で人間関係を挙げた主な原因は，保育観の違いとなっていますが，いわゆる職場いじめも存在します。重田（2010）の著書『保育職場ストレス』では，「正論を押し付ける保育者」(p. 45)，「肌の合わない保育者をいじめる園長」(p. 47) の事例を挙げながら，保育現場で繰り広げられる職場内いじめの様子を報告しています。筆者らの「女性保育者の職場ハラスメントとストレス」(藤後・日向野ら，2019) 調査では，「不平等な扱いを受けた」「私の保育や保育観を否定された」「他の理由で頭にきているときに，私に怒りの矛先が向けられた」は 30% 以上の経験率となりました。そしてこれらの職場ハラスメントは，ストレス反応である「不安・不確実感」「疲労・身体的反応」「自律神経症状」「うつ気分・不全感」のすべてに影響を及ぼしていました。

　さらに近年，雑談の少なさなどによる人間関係の希薄さも問題となっています。岸本・藤（2020）は，保育者の雑談の効果として情報交換ができやすくなる，仕事に対する大切な気づきを得たり，ストレス反応を低減させることを示しています。しかしながら，この雑談が最近では少なくなってきています。例えば，職員室ではパートの職員も含めて，スマホを見ている時間が増加していると見聞きします。本来でしたら，昼休みは休憩しながら対話を通してストレス解消をしたり，情報交換をする貴重な時間です。しかしながら，一人でスマホを見ている職員が増えてくると，全体的に話しかけづらい雰囲気ができてしまい，コミュニケーションが成立しにくくなるのです。

4　ストレスを低減するためには

(1) 個人的要因を工夫

　ストレスを軽減するために，個人でできるストレスマネジメントについて考えてみましょう。個人でできる方法としてはたくさんあるのですが，ここでは①考え方を変化させる，②おまじない言葉と笑顔，③リラクゼーションと作業集中について見ていきます。

　①考え方を変化させる点ですが，ストレスの要因となっている完全主義的な思考を減らすとよいでしょう。心理療法の一つである論理療法では，「〜すべき」という文章を「〜するときもあるし，〜しないときもある」と置き換えていきます。例えば，「行事の準備は完璧にすべきだ」という言葉を「完璧にできるときもあるし，完璧にできないときもある」と言い換えてみるのです。もちろん，業務としては手を抜くのではなく，ベストを尽くすことは当然です。しかし完璧にこだわりすぎて必要以上に自分を追い詰めるのではなく，少し考え方を変えるだけで，物の見方が変わってくるものです。

　②のおまじない言葉と笑顔もおすすめです。私はうまくいかないときは，「ラッキー」「大変な分，次はいいことがあるぞ」と心の中で唱えるようにしています。人生は，揺れがあって当然なので，ネガティブなほうに揺れると，次はきっとポジティブなほうに揺れるものです。ですので，ネガティブなものが来たときは，「ラッキー」と唱えます。すると気分もリセットされます。それと同時に口角を上げて「笑顔」を作ってみます。このようにうまくいかないときの「おまじない言葉」と「笑顔」を日常化しておきます。1日1回練習をしておくと，とっさのときも反応できるようになります。

　その他にも個人ができるストレスマネジメントとしては，音楽や香りを活用したリラクゼーション，散歩などの適度な身体活動，セルフマッサージや動物や子どもを抱っこしてのスキンシップ，料理や単純作業の整理整頓なども心の安定につながり有効です。作業に没頭する中で，目の前の「気になること」から注目をそらすことができます。

(2) 組織としてのソーシャルサポートの工夫

　ソーシャルサポートは，情緒的サポートと物理的サポートに分けることができます。情緒的サポートは，励ましや勇気づけ，建設的な助言などが挙げられます。物理的なサポートとは，困っているときに手伝ってあげたり，家族や自身の健康などによる急な休みを取りやすくする環境調整などが挙げられます。これらのソーシャルサポートが，有効であることは様々な研究でも示唆されていますが，それを組織としてどのように実現するかがまさに問われているのです。ここでは情緒的サポートとして「心理的安全」，物理的サポートとして業務の見直しや研修について考えてみましょう。

　はじめに情緒的サポートについてです。世界的な大企業 Google では，生産性を高めるために従業員の職場モチベーションを分析したそうです。その結果，「心理的安全」が重要と判明しました。そこで職場の「心理的安心」を整えるための巨大なプロジェクトを立ち上げて，職場環境を見直しています。フィンランドでもこの「心理的安全」を重視しています。筆者（藤後）がフィンランドの学校を視察した際，職員室には，ソファーやマッサージ機などが置かれ，とてもくつろげる雰囲気となっていました。子どもの Well-Being（幸せ）を高めるためには，まずは職員の Well-Being（幸せ）を高める必要があるという考え方が浸透していました。日本の保育現場でもこの「心理的安全」という考え方を大切にしていきたいものです。

　次に物理的サポートの「業務の見直し」について見ていきます。宇佐美ら（2015）の研究では，保育者の悩みは「業務量過多」「時間的切迫」「上司との関係」が他の職業より高いことがわかりました。また水野・徳田（2008）の初任者を対象とした調査では，「うまく保育できない」「仕事が多い」「他の保育者との人間関係が難しい」「幼稚園の教育方針に合わない」などが上位に挙っていました。これらを踏まえながら園内のソーシャルサポー

図5-3　フィンランドの学校の職員室

トを検討する必要があります。例えば，指導計画，日誌や連絡帳などの業務を減らすために，ICTを活用することも有効です。保育現場はICT活用が遅れていると一般的に言われています。その背景としては，「手作り」や「手書き」の価値を大切にしているという保育現場ならではの状況があるかもしれません。「手作り」や「手書き」にこだわりすぎることで業務量が減らず保育者がストレスを抱え，離職につながっているのであれば保育の質保証という観点からも本末転倒でしょう。書類作成や事務作業に関しては，上手にICTを活用して業務削減を検討するとよいでしょう。

　最後に研修について考えてみます。保育現場には表3-7 (p. 27) のように様々な保育内容や保育観があるために，新しい職員から「保育がよくわからない。今までやってきた保育とは違う」「（複数担当で）それぞれの担当が言っていることが違う」という声をよく聞きます。保育理解や保育技術の獲得に関しては，積極的な研修制度やメンター制度の導入が求められます。保育分野は，職人的な分野と少し類似しており「見て学ぶ」「体感して学ぶ」ことを推奨している感があります。園独自の保育観を大切にするからこそ，自身の園の「保育」の言語化，「保育」の視覚化を組織として取り組んでみてはどうでしょうか。これは保育者へのサポートのみならず，子育ての技術を学ぶという意味では，保護者の子育て支援にもつながると思います。

(3) 保育業界としての発信を！

　ストレスマネジメントとして個人で工夫できること，組織で工夫できることについて紹介しました。しかし，個人や組織だけですと限界があります。それを物語る調査結果があります。筆者（藤後）らは，自然災害である熊本大地震のときと，新型コロナウイルス感染症の第1波の時期に，保育現場のストレス状況や保育者が望む支援内容についての調査を行いました（藤後・川原ら，2019；藤後，2021）。その結果からは保育者の皆さんが，被害者でありながら支援者として懸命に保育を営んでいる実態が浮かび上がってきました。特に新型コロナウイルス感染症の際に挙がってきた課題は，行政からの情報不足，マスクや消毒等の必要物資の補給，もし保育所が休園をせざるえなかった場合の子どもの預かり場所，保育者やその家族が感染した場合の人員補助，勤務調整や給与を

含めた待遇改善などが課題として挙がっていました。これらは個人の努力や組織の努力だけでは改善不可能です。まさに保育業界や研究者などが一体となり，科学的根拠に基づいた労働環境の改善に向けての発信をしていく必要があると思います。

　また，労安法に基づいたストレスチェックについても，多くの保育所は一つの事業所が 50 人以下ということで，実施していないケースが多いのではないでしょうか。保育者のストレスが他の業種と比べて高いことからも，メンタルヘルスへの対応をしっかりと行っていく必要性があることを保育業界としても発信することが重要です。情報発信という意味では，近年保育者不足がクローズアップされ，住居の借り上げ制度や住居補助の制度，学生時代の奨学金の一部返却支援など，市区町村ぐるみで，保育者を支援する仕組みが広がっています。保育者が安心して働ける職場づくりをぜひ皆で協力して行っていきたいものです。

（藤後悦子）

●引用文献

赤瀬川　修（2019）．精神疾患をもつ保護者とその子どもへの支援に関する研究（1）—保育士養成課程における精神疾患に関する教育の現状と課題— 鹿児島女子短期大学紀要，*56*，13-26.

赤瀬川　修（2020）．保育所における精神疾患等を有する保護者及びその子どもへの支援に関する予備的調査　鹿児島女子短期大学紀要，*57*，3-8.

Holmes, T. H., & Rahe, R. H.（1967）. The Social Readjustment Rating Scale. *Journal of Psychosomatic Research*, *11*, 213-218.

Hurrell, J. J., & McLaney, M. A.（1988）. Exposure to job stress : A new psychometric instrument. *Scandinavian Journal of Work Environment and Health*, *14*, 27-28.

岸本直美・藤　桂（2020）．保育所における雑談が保育士のストレス反応に及ぼす影響　心理学研究，*91*（1），12-22.

厚生労働省（2015）．労働安全衛生法に基づくストレスチェック制度実施マニュアル　https://www.mhlw.go.jp/bunya/roudoukijun/anzeneisei12/pdf/150507-1.pdf

厚生労働省（2020）．令和 2 年版過労死等防止対策白書（本文）　https://www.mhlw.go.jp/wp/hakusyo/karoushi/20/index.html

水野智美・徳田克己（2008）．〈対人援助者のこころの健康〉就職後 3 ヶ月の時点における新任保育者の職場適応　近畿大学臨床心理センター紀要，*1*，75-84.

夏目　誠（2008）．出来事のストレス評価　精神神經學雜誌, *110*（3），182-188.

重田博正（2010）．保育職場のストレス―いきいきした保育をしたい！―保育と子育て
21　かもがわ出版

藤後悦子（2021）．新型コロナウイルス感染症に関連するストレス要因―保育者が直面
した課題と期待する支援―　日本保育学会第74回大会発表論文集

藤後悦子・日向野智子・山極和佳・角山　剛（2019）．女性保育者の職場ハラスメント
とストレス―保育士と幼稚園教諭の比較―　ストレス科学研究, *34*，51-58.

藤後悦子・川原正人・須田　誠（2019）．震災後における保育者のストレスについて
東京未来大学研究紀要, *13*，109-116.

東京都労働相談情報センター　NIOSHの職業性ストレスモデル　https://www.kenkou-
hataraku.metro.tokyo.lg.jp/mental/about/material/niosh.html

宇佐美尋子・西　智子・高尾公矢（2015）．保育者のストレスに関する研究：女性企業
従業員との比較検討　研究紀要, *26*，1-7.

=== コラム❷ ===

保育園におけるハラスメントの構造と対策

ハラスメントは個人の資質の問題と組織の構造の問題があります。

個人の資質という点ではリーダーの能力不足，不勉強，2世ゆえの勘違いなどなど。ただハラスメントの原因について個人の資質のみをフォーカスしたところで事後的な問題指摘が多く，ほとんどは抜本的な解決にはならないのです。

そこで私が提唱したいのは，3つのピラミッドを意識して組織構造の点からパワハラを未然に予防することです。

その3つのピラミッドとは，①責任のピラミッド，②成果のピラミッド，③配分のピラミッド，です。

このピラミッドは必ずしも保育園全体を意味するものではなく，時には主任がピラミッドの頂点になる場合もあれば，クラスリーダーを頂点にしたピラミッドになる場合もあります。

①責任のピラミッドとは，責任は頂点から下に転がれば転がるほどどんどん増幅していく雪だるまのようなものであるということです。

なぜこのような現象が起こるかというと，多くの場合ピラミッドの下に位置するのは若手職員であり，若手職員は重い責任を引き受けるだけの経験，器を持ち合わせていないからです。客観的には同じ量のように見える責任も下に転がれば転がるほど心理的に増幅されてしまう性質があります。

トップに位置する者の対応としては責任は基本的に下に落とさないことを意識することが大事です。「なんでしなかったの？」ではなくて「ごめん！　伝え忘れてた。」と言ってみてください。

　②成果のピラミッドとは，成果もやはり頂点から下に下っていけばいくほど増幅していく雪だるまのようなものであるということです。

　なぜこのような現象が起こるかというと，ピラミッドの下に位置する若手職員は認められるという経験が少ないこと，自分のなしたことが正解なのか不安がちであることが多いからです。成果も下に下っていけばいくほどその効果が心理的に増幅される性質があります。そして成果は経由する人が多ければ多いほど，成果の共有という効果をもたらすという性質も併せ持ちます。

　トップにいる人は，成果の雪だるまがより長く転がり続けることを意識してみてください。「この保育園の子どもたちは生き生きしてるねって言ってもらえたよ。いつもありがとう！　クラスの先生にも伝えといて！」と園長先生は主任の先生に伝えてみてください。

　③配分のピラミッド。今，仕事のできているリーダーに知ってほしいのがこの配分のピラミッドです。「責任のピラミッドも成果のピラミッドもわかった！ならば責任のある私がたくさん仕事しよう！」これは間違いです。

　配分のピラミッドとはリーダーが公平に皆に仕事を配分することです。このとき，最も意識してほしいのはリーダーを含めた「公平」であるということです。どんなに有能でありたくさんの仕事をこなせ，人間的にも優れたリーダーであったとしても，過重に仕事を引き受けてしまえば，近い将来，責任のピラミッド，成果のピラミッドが必ず崩れます。そしてそのことで組織のバランスが崩れ，ハラスメントの一因となりえます。

　親を引き継いで園長になったり，新しく主任になったりすると，ついつい必死に仕事をしすぎることがあると思います。それでも2，3年後には「1人」で頑張ることから，「みんなが」頑張れる組織を目指してください。

　実は3つのピラミッドは状況によっては回転するものです。運動も得意，ピアノも得意，制作もITも得意な人はそうそういませんし，そんな人でもすべてには手が回りません。保育園での活動を細かく分析するとその瞬間瞬間でリーダーは入れ替わります。リーダーになったときもリーダーでないときもぜひ3つのピラミッドを意識してみてください。きっとハラスメントを予防する効果を生み出すと思います。

（岡本　一）

第 **6** 章

保育現場の心理アセスメント

　対象となる子どもや家族にとって適切で必要な支援を行っていくためには，対象者を理解することが必要です。そのためにまず行うのがアセスメント（見立て）と呼ばれるものです。本章では，保育現場で求められる心理アセスメントとその意義について考えていきます。

1　心理アセスメントとは何か

　保育現場において，心理専門職に求められる役割は多岐にわたります。その中の一つが心理アセスメントです。心理アセスメントとは，対象者に関する情報をもとに現在の状況や課題を整理・分析し，その背景や要因について心理学的な視点から検討し仮説を立てていくことで「見立て」ともいいます。

　心理アセスメントを行う上で最も重要なのは，その「見立て」があることで対象者への理解が深まり，支援へとつながるということです。ただ，分析して終わるのではなく，しっかりとその先の支援を見据えながら，アセスメントで得られた情報や仮説をもとに支援に携わることが大切です。

2　子どもの心理アセスメント

　まず，子どもの心理アセスメントについて考えていきましょう。

　よく，保育現場で「気になる子どもたち」という言葉を耳にします。例えば，

乱暴な言動が目立ち，他の子どもとトラブルが絶えない子どもＡくんがいるとします。こうした「気になる子ども」と出会うと，どうしてそのような言動が見られるかについて，現場の保育者は様々な要因を考えます。「家庭状況が不安定だから？」「親子関係が原因？」「本人の元々の性格から来るものなのか？」「それとも他か何か要因があるのか？」——その要因が何なのかについて，様々な情報に基づいて仮説を立て，見立てていくのがアセスメントです。

「○○な子」と決めつけず，問題となる言動の背景に隠れた意味・思い・原因を想像し，様々な視点から理解していくことがアセスメントの重要なポイントとなります。

それでは，今から心理専門職による心理アセスメントの主な流れについて見ていきましょう。

(1) 心理アセスメントを行う際の留意点

子どもの心理アセスメントを行う際には，まず次の2点に留意します。

①問題となる言動は何か，どのような場面・状況で起こるのか（見られるのか），いつから見られるのか

まず，はじめに必要なのは問題となる言動の正確な把握です。

どのような場面や状況で起きるのかについて，観察や報告や記録などを通して整理していきます。一方で，どのような場面や状況であれば，対象となる子どもが穏やかで安定しているのか，ということにも目を向けてましょう。

問題というと，つい困っている言動にばかり目が行きがちですが，その先の問題解決や支援を行っていくためには，どのような場面や状況であれば落ち着いていられるのかが重要な手がかりとなります。

また，その言動がいつから見られるのかも大切な手がかりです。以前から見られていたのか，あるいは突然始まったのか，その程度も含め，問題を正確に把握するための必要な情報となります。

②困っているのは誰か

次に，その言動により最も困っているのは誰なのかということについても留意していきます。本人が困っているのか，家族が困っているのか，周囲の子どもたちが困っているのか，それとも保育者が困っているのか，誰が困っている

のかは，問題となる言動の正確な把握と理解のための手がかりです。

(2) 観察・面接・記録

　保育現場で心理専門職が子どもの心理アセスメントをよく依頼されるのが巡回相談です。筆者（柳瀬）の場合，自治体の依頼を受けて，要請のあった保育所に年に1〜2回入ることが多く，保育所からは事前に，特に見てほしいという子どもに関する情報（気になる言動やこれまでの保育の様子，家族状況などの基本情報）をもらう場合が大半ですが，その場で気になった他児について心理アセスメントを実施する場合もありますし，保育全体に助言を行う場合もあります。

　一般的な巡回相談では，まず実際に対象となる子どもの「観察」を行います。(1) で述べた心理アセスメントの留意点を念頭に置きながら，問題となる言動について，実際の保育場面を観察し，情報を収集していきます。「どのような場面で見られるのか」「その言動が生じるきっかけとなるものがあるのか」「1人のときの様子はどうなのか，複数でいるときはどうなのか」「相手により違いはあるのか」「本人が安定しているのはどのような状況の場合なのか」など，個々の子どもの様子と集団全体の様子も見ながら，対象児への理解を深めていきます。問題となる言動だけでなく，遊びの内容や全体の様子から，対象児の情緒面の状態や発達状況を把握することもできます。

　ただ，巡回相談ではよくあることなのですが，たまたま観察した時間は穏やかに過ごしていて，保育者から見てほしいと依頼された問題行動がまったく見られないということがあります。その場合には，日々の保育の「記録」や，保育者が保護者との「面接」で得た情報などを手がかりとし，もし，観察時に対象児が落ち着いていたのであれば，それはなぜなのか，あらゆる角度から検討していきます。

(3) 心理・発達検査

　子どもたちの心理状態や発達課題を理解する上で使用されるのが心理・発達検査です。表6-1は子どもたちの発達が気になる際によく用いられる検査の一覧で，それぞれの検査には特徴があり，対象児の課題理解や目的（就学相談や

表6-1　特別な支援を要する児童のアセスメントツール

検査名	対象年齢	特徴
WPPSI-Ⅲ	2歳16か月～7歳3か月	全般的な知的発達水準（FIQ）の他，言語理解（VCI），知覚推理（PRI），処理速度（PSI），語い総合得点（GLC）を測定し，個人内の得意不得意を知ることができる。
WISC-Ⅳ	5歳0か月～16歳11か月	全般的な知的発達水準（FSIQ）の他，言語理解（VCI），知覚推理（PRI），ワーキングメモリー（WMI），処理速度（PSI）の合成得点を算出し，個人内の得意不得意を知ることができる。
K-ABC Ⅱ	2歳6か月～18歳11か月	継次処理能力，同時処理能力，計画能力，学習能力，流動性推理や結晶性能力を測定し，知的活動に関する個人内の得意不得意を知ることができる。
田中ビネーV	2歳0か月～成人	子どもの知的能力が何歳程度かを表す「精神年齢（MA）」を測定し，実際の年齢「生活年齢（CA）」との比によって，知能指数（IQ）を算出する。
新版K式発達検査2001	0歳0か月～成人	検査課題や行動観察から，「姿勢・運動」（P-M），「認知・適応」（C-A），「言語・社会」（L-S）の3領域について評価し，全般的な進みや遅れ，バランスの崩れなど発達の全体像を捉える。
新版S-M社会生活能力検査	乳幼児～中学生	保護者等が質問紙に回答することによって社会生活年齢（SA）と社会生活指数（SQ）を測定し，身辺自立や集団行動など，子どもの社会生活能力の発達状況を捉えることができる。
KIDS乳幼児発達スケール	0歳1か月～6歳11か月	保護者等が約130項目の質問に○か×で回答し，運動・言語・社会性など9つの領域を評価し，総合的な発達指数を測定する。
Vineland-Ⅱ適応行動尺度	0歳0か月～92歳11か月	コミュニケーション，日常生活スキル，社会性，運動スキルの4領域を測定し，適応行動の発達状況を知ることができる。対象児のことをよく知る大人が検査者の面接を受ける必要がある。
M-CHAT（乳幼児期自閉症チェックリスト）	2歳前後	自閉症のスクリーニング目的で使用される検査。保護者によって記入される質問紙検査で，社会性（16項目），特異的な知覚や常同行動（4項目），言語理解（1項目）から評価する。
遠城寺式乳幼児分析的発達検査法	0歳～4歳7か月	重度重複障害児のアセスメントで利用されることが多く，「移動運動」「手の運動」「基本的習慣」「対人関係」「発語」「言語理解」の6つの領域の発達状況について，短時間で評価できる。

療育手帳の判定など）に適したツール（検査方法）を選択します。

　得られた検査結果はIQ（知能水準や発達レベルを数値化したもの）や発達年齢（発達の状態がどのくらいの年齢に相当するか）という形で示されますが，心理アセスメントで最も重要なのは，これらの結果をどう保育や支援に生かしていくのか，ということになります。

　例えば「このお子さんは言語理解の力がIQ75ですね。」という結果が得られたとします。さて，その先，どうしたらよいのでしょうか。このIQ75の持つ意味を読み解き，その子の抱える困難さを理解し，支援するためにはどのような保育が望ましいのか，それを考えていくための手がかりとなるようなアセスメントが現場で求められています。

　それではもう少し，検査結果の解釈についてくわしく見ていきましょう。検査結果は大きく次の2つのポイントに留意して解釈していきます。

①全体像を知る

　まず，「全体に遅れているのか，偏りがあるのか」は最初に見るべきポイントです。もし，偏りがあるとしたら偏りに特徴はあるのか，例えば，運動面（粗大運動，微細運動）／認知・操作面／言語・社会面（言語理解と表現，情緒・対人コミュニケーション面，社会面）から捉えてみると，その子どもの抱える困難さを理解する手がかりとなります。大人顔負けの難しい話をする子が実は手先が極端に不器用だという場合，その子どもの悲しみをどう受けとめたらよいでしょう。ものづくりの喜びや楽しさを体験するために保育者はどのような工夫をしたらよいでしょうか。発達のアンバランスさの有無は心理アセスメントする際の重要なポイントです。

②発達年齢と生活年齢の両方の視点を持つ

　例えば4歳になる子どもが発達検査の結果，2歳児相当の発達年齢という結果だったからという理由で，この子を2歳児クラスに変更することは果たして良い保育といえるでしょうか。

　ここで考えなければならないのは，発達年齢は2歳児相当であっても，子の子どもは2歳ではないということです。あくまでも生活年齢（生まれた日から数えた実年齢）は4歳であるということです。この子どもが生きてきた4年間には数値だけでは評価できない大切なものがたくさんあります。心理アセスメ

ントに際しては，2歳や4歳という年齢の数ではなく，それぞれの発達課題を
よく理解し，4歳児の中で2歳児の発達課題をどう捉えるのかという発達年齢
と生活年齢の両方の視点を持つことが大切です。

　その他，発達検査とは別に心理状態を理解する手がかりとして，心理検査が
ありますが，子どもの場合は言語発達が未熟なため，特に就学前の幼児を対象
とした心理検査は行動面をチェックするリストがいくつかある程度で，保育現
場では，子ども自身が描いた絵や遊びの場面からそこに投影された心理を読み
取っていくことが，子どもの心理アセスメントの手がかりとなります。

3　家族の心理アセスメントと留意点

　保育現場で心理アセスメントを行う上で，忘れてはならないのが，家族の心
理アセスメントです。「子育て支援は保護者支援」と言われるように，保護者
やきょうだいなど，子どもたちにとって身近な存在である家族についての心理
アセスメントは重要です。養育環境としての家庭がどのような状況であるのか，
両親の夫婦関係や他の家族との関係が子どもや家族全体に及ぼす心理面への影
響，また経済的な理由が及ぼす影響も理解しておく必要があります。保護者自
身に精神疾患や発達障害があったり被虐体験など成育歴に何らかの課題を抱え
たりしていて，そうした個々の問題が影響を及ぼしている場合もあります。保
護者は保育現場にとって重要な子育てのパートナーです。子どもの抱える課題
の要因が家族にある場合であっても，決して一方的に家族を責める構図となら
ないように，家族の心理アセスメントに際しては信頼関係の構築を念頭に置き
ながら，先の支援につながるような現状の把握と理解による見立てが必要です。

4　エリクソンの心理社会的発達理論から見た子どもと家族

　子どもや家族のアセスメントを行う際，ひとつの手がかりとなるのが様々な
発達理論です。エリクソン（Erikson, E. H.）の心理社会的発達理論やピアジェ
（Piaget, J.）の認知発達理論，フロイト（Freud, S.）の心理性的発達理論など，

時期 （目安となる年齢）	心理的発達課題(テーマ)	この時期の主となる 対人関係	導かれる要素
Ⅷ 老年期 （65歳～）	統合性 vs 絶望	人類	英知
Ⅶ 壮年期 （40歳～65歳）	世代性・繁殖性 vs 停滞	家族・同僚	世話
Ⅵ 成人期前期 （22歳～40歳）	親密性 vs 孤立	友人・パートナー	幸福・愛
Ⅴ 思春期・青年期 （12歳～22歳）	アイデンティティ(同一性) vs アイデンティティの拡散	仲間・ロールモデル	忠誠
Ⅳ 学童期 （6歳～12歳）	勤勉性 vs 劣等感	地域・学校	自己効力感・有能感
Ⅲ 幼児期後期 （3歳～6歳）	自主性 vs 罪悪感	基本的な家族	目的
Ⅱ 幼児期前期 （1歳半～3歳）	自律性 vs 恥,疑惑	親的な人物	意志
Ⅰ 乳児期 （0～1歳半）	基本的信頼感 vs 不信感	母親的な人物	希望

図6-1　エリクソンのライフサイクル8段階

多くの研究者がそれぞれの視点から各発達段階におけるテーマについて論じています。

　ここでは，乳幼児期から老年期まで，人は生涯をかけて発達する存在であるとして捉えたエリクソンの心理社会的発達理論について取り上げます。

　エリクソンはアメリカの発達心理学者で精神分析家ですが，彼は人のライフサイクル（生涯）を8つの段階に分け，それぞれの段階に心理的な発達課題（テーマ）があるとし，人は生涯をかけて「発達する存在」と考えました。このエリクソンの理論をもとにライフサイクルをまとめたものが図6-1です。

　ここで注目したいのは，各時期に挙げられた心理的な発達課題が，対人関係を中心とする社会との関わりの中で育まれていくということです。とりわけ家族との関係は，人にとって生きていく上でのすべての基盤となっていることがわかります。人はさまざまな関係性の中で，他者と相互に響き合いながら成長していきます。また，それぞれの時期の発達課題には，たとえば乳児期の「基

本的信頼感 vs 不信感」というように，ポジティブなテーマ（基本的信頼感）とネガティブなテーマ（不信感）とが挙げられています。ここで大切なのは，ポジティブなテーマ（基本的信頼感）だけが目標として挙げられるのではなく，相反する2つのテーマが時にせめぎあうこと自体に意味があり，さまざまな経験を経た上で獲得したポジティブなテーマは，より強い生きる力として「希望」というものを導き出すという点です。

　子どもや家族の問題のアセスメントを行う上で，それぞれの発達段階で必要なテーマとそのカギを握る存在＝対人関係という視点から問題を整理し分析することで，対象となる子どもや家族の抱える問題の根本的要因や今後の支援の手がかりを得ることができます。

5　保育者とのコンサルテーション

　心理アセスメントを保育現場で実際に具体的な支援へとつなげていく上で重要なのが保育者とのコンサルテーションです。コンサルテーションとは，異なる専門性を持つ複数の者たちが，支援対象となる者が抱えている困難や問題状況について検討し，対象者にとってより良い支援のあり方について話し合うことです。目の前の子どもにとってどのような保育が望ましいのか，心理アセスメントを子ども理解や家族理解に活かすことは，より良い保育を模索する保育者を支えることでもあります。実りあるコンサルテーションのためには，心理専門職もまた，保育について理解を深める努力が必要です。心理アセスメントを実際に保育現場でどのように活かすことができるのか，コンサルテーションを通して検討していくことが大切です。

（柳瀬洋美）

●参考文献

佐々木正美（2006）．0歳からはじまる子育てノート—エリクソンからの贈りもの　日本評論社

杉野　学・梅田真理・柳瀬洋美（編著）（2018）．発達障害の理解と指導　大学図書出版

第 7 章

子どもの発達を支える保育

　保育施設においては幼稚園教諭免許や保育士，保育教諭資格を持った保育者が子どもの発達に合わせた適切な環境を通して，子どもたちの育ちを支えています。この章では，子どもの発達の様子と合わせながら，保育施設で営まれている保育やどんなことが大切にされているかについて見ていきたいと思います。

1　保育施設の概要

　小学校就学前の子どもの保育や教育を担う施設には，主に保育所と幼稚園と認定こども園の3つ（以後，保育施設と記述）があります。義務教育ではありませんが，小学校就学前の5歳児の98.3%がいずれかの保育施設に在園しており，(1) 子育て家庭のほとんどが利用する施設といえます。どの施設においても，免許・資格を持つ保育者が，共通の幼児期の終わりまでに育ってほしい姿に向けて集(2) 団で子どもの保育・教育を行っています。それぞれ学校や児童福祉施設等として区分され，施設の持つ機能が少し異なるため，まずは基本的事項について表7-1にまとめます。

　以前は，保育所は両親の就労等により保育に欠ける児童を保育する施設でした。その後，子ども・子育て支援新制度のもとで，例えば求職中でも利用できるように，その対象は，保育を必要とする児童と変更になりました。そして，幼保連携型認定こども園は，保育の必要性の認定に応じて保育・教育時間が異なるという特徴を持っており，近年は子育て家庭の様々な状況やニーズに合わ

表7-1 保育施設の特徴

	保育所	幼稚園	幼保連携型認定こども園
所管省庁	厚生労働省	文部科学省	内閣府・文部科学省・厚生労働省
目的	保育を必要とする乳児・幼児を日々保護者の下から通わせて保育を行うことを目的とした施設。	幼児を保育し，適当な環境を与えて，その心身の発達を助長すること。	3歳以上の幼児に対する学校教育と，保育を必要とする乳幼児への保育を一体的に行い，幼児を保育し，適当な環境を与えて，その心身の発達を助長すること。
1日の教育・保育時間	8時間を原則とし，保育所長が定める。	4時間を標準として各園で定める。	保育を必要とする子どもに対する保育時間は8時間を原則。
教諭・保育士の資格	保育士資格証明書	幼稚園教諭普通免許状	保育教諭（幼稚園教諭普通免許状と保育士資格を併有することを原則）
職員配置基準	乳児：3人に保育士1人 1〜2歳児：6人に保育士1人 3歳児：20人に保育士1人 4歳以上：30人に保育士1人	1学級の幼児数は原則35人以下 1学級に教諭1人以上	乳児：3人に保育教諭1人 1〜2歳児：6人に保育教諭1人 3歳児：20人に保育教諭1人 4歳以上：30人に保育教諭1人

（出所）大豆生田・三谷，2021より抜粋

せて保育施設を選択できるようになりました。

2　保育および教育の基本

　保育施設は小学校就学前の保育および教育を担う施設であるとしましたが，ここでの教育とは皆さんがこれまで経験してきたり，イメージしたりしているものと少し違うかもしれません。すべての保育所が行うべき保育内容等の基本的事項についてまとめた保育所保育指針の記述から，その特徴について見ていきたいと思います。

　1　保育所保育に関する基本原則（一部抜粋）
　(3)　保育の方法

子どもが自発的・意欲的に関われるような環境を構成し，子どもの主体的な活動や子ども相互の関わりを大切にすること。特に，<u>乳幼児期にふさわしい体験が得られるように，生活や遊びを通して総合的に保育すること。</u>
（4）保育の環境
　保育の環境には，<u>保育士等や子どもなどの人的環境，施設や遊具の物的環境，更には自然や社会事象などがある。</u>保育所は，こうした<u>人，物，場などの環境が相互に関連し合い，子どもの生活が豊かなものとなるよう，</u>次の事項に留意しつつ，<u>計画的に環境を構成し，工夫して保育しなければならない。</u>（下線筆者）

　記述にあるように，乳幼児期の保育で大切にしていることは，子どもたち一人ひとりが心身ともに健やかに成長できるよう，保育者が計画的に環境を作るということです。なぜならば乳幼児期の子どもたちは，周りの環境に自ら興味をもって働きかけ，見て，聞いて，触れて，感じてといった，実際の体験から，学びを深めていくからです。小学校のように各学年で学ぶことが決められていて，指定教科書があって……ということではなく，前述した幼児期の終わりまでに育ってほしい姿に向け，どのような保育内容で，そしてどのような方法でといったことは各園に委ねられています。そのため保育者の子ども理解に基づいた保育の計画が重要となってきます。
　保育において「環境」が重要であるとしましたが，下線部分の記述からここでの「環境」とは，子どもたちを取り囲むすべてのものと捉えることができます。そしてこの「環境」には，実際に目に見え，手に取れるものだけでなく，時間やその空間を覆う雰囲気までもが含まれます。
　子どもの生活を豊かにする「環境」は，子どもの年齢によって異なります。子どもの発達の様子と合わせながら，保育施設の保育についてくわしく見ていきましょう。

3　乳児の発達と保育

　人は一般的に受精後約 10 か月間母親の胎内で育ち，その後誕生します。他

写真7-1　つかまり立ち

の哺乳動物と比較すると，人間の赤ちゃんは，自分の力だけで生命を維持することが難しい生理的な早産の状態で誕生してきます。そのため，赤ちゃんが健やかに育っていくためには，身近に赤ちゃんの世話をする大人の存在が必要となります。そして多くの場合は，母親および父親などの親族が哺乳やおむつ替え，沐浴などにあたります。赤ちゃんが空腹を感じたり，不快な状態にあったりするときにそれを察知し，語りかけながらそれを取り除いてくれるなど，日常的に繰り返される応答的な関わりにより，特定の大人との間に情緒的な絆が結ばれていきます。何かあれば助けてくれる大人がいるという安心感を土台として，子どもは成長し，自らの活動を広げていくのです。

　生後3か月頃になると，睡眠と覚醒のリズムが整い，首が座り，クーイングによる発声などの特徴が見られるようになります。そして産後休業後の生後57日目から保育所に入所することができます。児童福祉法では，1歳未満の子どものことを乳児として区分しており，その時期の子どもの特徴として感覚や運動機能が著しく発達することが挙げられます。姿勢は寝返り，お座り，ハイハイ，そしてつかまり立ちと次々に変化し，自分で行きたい場所へと移動できるようになっていき，活動の場を広げていきます。そして，泣きや表情等で表現していた感情や欲求を，喃語や指さし，身振りなどでも伝えるようになっていきます。このような発達の特徴を持つ乳児にはどのような保育が行われているのでしょうか。

　乳児を保育する保育施設には，沐浴の設備や乳児室あるいはほふく室が備えられています。乳児にとって起きている時間の大半を過ごす保育所ですから，何よりも安全に過ごせること，居心地の良い空間であることを重視して環境が作られます。そして視覚や触覚を刺激したり，各諸機能の発達に見合った玩具・遊具等を準備して，子どもたちの興味や関心を広げながら，やりたいという気持ちを満たしていきます。子どもの生命の保持や情緒の安定を図るための援助

や関わりである養護と，子どもの活動が豊かに展開されるための援助である教育とが一体的に行われること，それが保育の特徴となります。

　保育者はどのようなことに留意しながら乳児の保育を行っているのでしょうか。この時期の子どもは，日ごろ世話をしてくれる特定の大人と情緒的な絆が結ばれるとしましたが，それは親族に限定されたことではありませんし，1人に限定されるわけでもありません。保育所で乳児が安心して過ごすためには，保育者と安定した関係を築くことがとても大切となってきます。表7-1より，0歳児の保育では，乳児3人に対して保育者1人以上で保育にあたることとされており，例えば乳児が12人在籍する場合は4人以上の保育者で保育にあたることになります。それぞれの子どもの保育時間等を考慮すると，実際はもっと多くの保育者が保育にあたることが通常です。乳児の保育希望者が増加傾向にある中，保育者が乳児の保育を担当する際，近年では複数の保育者が12人を集団として保育するのではなく，担当制保育を実施している園が増えてきています。担当制保育とは，例えば食事やおむつ替え，着替え，寝かしつけなどはできるだけ担当である特定の保育者が行えるようにするよう工夫する保育のことです。そして保育者はおむつ替えをしながらやさしく語りかけたり，安心できるようにスキンシップを図ったり，子どもの気持ちに寄り添いながら遊びに応じたりすることで子どもに応答的に関わりながら，子どもの育ちを支えていきます。また，一人ひとりの発達の状況や生活のリズムが大きく異なる時期ですので，家庭と連携を図りながら個別の保育計画を作成し，個々の子どもの育ちを見通しながら保育を行っています。

4　1歳児の発達と保育

　1歳を過ぎると，子どもは運動機能の発達により活動の幅を一気に広げます。ハイハイや伝い歩きから歩行へ，指先の機能も発達し，つまんで引っ張ったり，穴に物を落としたりすることができるようになります。好奇心旺盛に動き回ると同時に，興味があることにじっくり取り組むようにもなります。食事は幼児食となり，徐々に自分で食べようとする姿が見られるようになります。コミュニケーションに関しては，大人の話していることの意味がわかるようになると

写真 7-2　砂場あそび

同時に，言葉で自分の意思や欲求を伝えるようになっていき，簡単な歌を歌ったり，保育者と一緒に手遊びを楽しめるようになってきます。

　自分でできることや興味・関心が広がりを見せるため，保育者は子どものやりたいという欲求を満たすことができる環境構成を工夫することが必要となります。しかし，転倒や落下などの危険性がある年齢ですから，物の配置等について安全面にも十分に配慮することが求められます。また，まだ発達の個人差が顕著に見られる時期であるため，個別的に関わりながら，子どもたちが安心して過ごせるように時間に余裕を持って一日の生活を組み立てたり，保育室において生活と遊びの場を分けるなどの環境の工夫をします。

　保育者は乳児の保育と同様に，子どもの意欲や気持ちを汲み取り，受け入れながら，時には子どもの気持ちを代弁したり，気持ちを伝えたりしながら応答的に関わることが大切となります。保育者との関係が安定してくること，保育者が見守ってくれているという安心感に支えられながら子どもは活動の範囲を広げ，次第に周囲の友達へと関心が向かっていきます。

5　2歳児の発達と保育

　2歳になると子どもはより自分でできることが増えてきます。歩行は確立し，走ったり，跳んだりすることができるようになります。また，クレヨンを使って何かを描いたり，イメージを膨らませて見立て遊びができるようになります。言葉の発達では，大人の言っていることをほぼ理解すると同時に，話し言葉の語彙が増し，友達と会話をしながら遊ぶ場面も見られるようになります。生活面においては，排泄，食事，着替えなど，保育者の手を借りなくても自分で行えることが増え，自立へと向かっていきます。一方で，1歳の後半ころから次

関係を結ぶ「わらべうた」あそび

♪ずーくぼんじょ　ずくぼんじょ　ずっきん　かぶって　でてこらさい
　（「ずくぼんじょ」とはつくしんぼのこと）

　K保育園の2歳児クラスで，保育者が歌い始めると，保育者の膝に座っているカナデが楽しそうにわらべうたのリズムに合わせながら体を左右に揺らしています。そのすぐそばでは，2人，3人と子どもが保育者の動きをまねながら笑顔で両手を上下に動かしてつくしんぼのまねをしています。

♪たん　たん　たんぽぽ　たんたんたんぽぽ　たんぽぽ　たんぽぽ　たんたんたん

　続いてたんぽぽのわらべうたが始まります。たんたんたんに合わせて拍手をし，ぽぽで自分のほほを押さえます。ミサトは保育者の膝の上に座り，保育者は「ぽぽ」でミサトのほほを押さえます。保育者の歌声を聴いて他の遊びをしていた子どもたちも5人6人と保育者の周辺に集まってきて，一緒に手拍子を始めます。アキトは保育者の歌声に合わせて大きな声で歌っています。

♪もぐらどんのおやどかね　つちごろり　まいったほい

　保育者が立ち上がり，子どもたちと手をつないで歌いながら回り始めます。10人の子どもと2人の保育者で，中心のもぐら役の子どもと交代しながら，何度も何度も遊びが続きます。

　この日の2歳児のわらべうたあそびのきっかけは保育者の歌。「一緒に遊ぼうよ」「次は○○やるよ」というような遊びに誘う言葉掛けはありません。楽しそうな歌声，動きに惹き寄せられ，保育室で他の遊びをしていた子どもたちが次々に遊びに加わり，自然に遊びの輪が広がっていきます。

　「わらべうた」とは，子どもたちの遊びや生活の中から自然発生的に生まれ，伝承されてきた歌（森上・柏女，2010）とされています。皆さんも「おしくらまんじゅう」や「あぶくたった」「はないちもんめ」などわらべうたあそびで遊んだ経験があるのではないでしょうか。

近年「わらべうた」の特徴からそれを保育に積極的に取り入れようとする保育施設が増えてきています。「わらべうた」はどのような特徴を持っているのでしょうか。日本のわらべうたはそのほとんどが5音音階による4つの類に分類できるとしています。そして拍子は2/4拍子が圧倒的に多く4/4拍子を加えると全体の80%になるということです。これは日本語の持つ等拍リズムに従い，歌詞の一音に一拍をあてやすい拍子である（大畑，2000）とされています。そしてわらべうたの多くは，人間の心拍に近い速さで歌われ，生体リズムにあった心地良いものとなっています。これらの特徴により，「わらべうた」は乳児から大人まで，日本人に親しみやすいリズム，歌いやすい音域を持つものとして現在まで歌い継がれているのです。

　K保育園で長年にわたり保育者や子どもたちに向けてわらべうたあそびを指導しているS先生は，「わらべうた」について次のように話しています。

　「保育者の歌声は子どもたちの心を安心させます。そしてスキンシップを図りながら一緒に歌ったり体を動かしたりすることによって，子どもと保育者の安定した関係を築くことができます。」

　0歳児の保育で，特定の大人との情緒的な絆が結ばれることが大切であるとしましたが，わらべうたや手あそびは子どもとの安定した関係を築くことに役立ちます。日常的な世話の場面に加えて，楽しい・心地良いといった感情・感覚を保育者と子どもで共有することによって，保育者と子どもが情緒的絆で結ばれていくのです。またさらに次のように話しています。

　「わらべうたには，物語があります。旋律に合わせて物語があることで，動きを合わせながらあそびを楽しむことができるし，内容をくわしく知らなくてもあそびに加わっていくことができます。」

　わらべうたあそびは多くの場合歌に合わせて進行していきます。先が予測できないごっこあそびでは，コミュニケーションを通じてあそび仲間がお互いのイメージを共有し調整できなければ，あそびが壊れてつまらないものとなります。一方でわらべうたあそびは次の展開が誰にとってもわかりやすいものです。歌や動きのわかりやすさと楽しさ，誰でもいつからでも参加しやすいという特徴により，友達とのあそびを広げ，友達と活動することの楽しさを体験できます。

　「わらべうたあそび」や「手あそび」は，歌や動きを媒介して，他者と心地良さや楽しさを共有できる日本特有の保育教材であるといえるでしょう。

（及川留美）

第に自我が強くなり，何でも「イヤ」と言っ
てみたり，自分が思っているようにできない
ことでだだをこねたりして，手に負えないこ
とがある年齢でもあります。こうして自己を
主張することを経験しながら，自己を調整す
ることについて学んでいく過程にあるのです。
保護者も保育者も時に扱いにくいと感じてし
まう2歳児ですが，子どもの主張を無理やり
抑え込んでしまったり，何でも先回りをして
自分でやろうとする気持ちを削いでしまうこ
とは避けなければなりません。ここでしっか
り自分を出せることがその後の主体性へと結
びついていきますので，大人が子どもの気持

写真7-3 「こっちは，だめ」

ちに寄り添いながら，余裕をもって接していくことが大切となってきます。
　「自分で」や「自分が」という気持ちが強く現れる2歳児ですが，まだまだ
自分だけではうまくいかないことも多く見られます。保育者はやりたい気持ち
を尊重し，見守りながら，うまくいかないことを援助していくことで自立を促
します。また，こうした2歳児の特性から，保育の現場では順番やおもちゃな
どをめぐってのトラブルがしばしば見られます。一人でじっくり遊び込める
コーナーを作る，同じおもちゃを複数個用意しておくなど，事前にトラブルを
回避するための環境を工夫します。そしてお気に入りのくまのぬいぐるみを急
に友達にとられ，泣いている子に対しては，「ぬいぐるみをとられて悲しかっ
たね」と悲しい気持ちを認め，ぬいぐるみをとってしまった子に対しては「ぬ
いぐるみを急にとられて，びっくりしているよ」と丁寧に伝えていきます。こ
のような経験を積み重ねることによって，自分の気持ちをわかってくれる人が
存在すること，自分と同じように友達も様々な感情を持つということを理解し
ていきます。

6　3歳以上児の発達と保育

　3歳児からは幼稚園や認定こども園で3年保育が開始されます。保育所では，2歳児から継続して在籍する子どもが多いのですが，保育者に対する子どもの人数は表7-1からもわかるように急に増加します。保育施設においては，保育者がクラスという子ども集団の保育を行い，子どもは集団の中で個々に育っていきます。集団での保育はその利点もあれば，欠点もあります。子どもの育ちと合わせながら，3歳以上児の保育について見ていきましょう。

　3歳児になると，基本的な動作ができるようになり，複雑な運動もできるようになります。生活習慣もほぼ自立するため，活動の幅は広がります。理解し，使用できる語彙が急激に増加することで，友達と言葉でコミュニケーションを図ることができるようになります。自ら環境に関わったり遊びを進めたりしながら，多様な体験をするための基盤はこの時期に確立するといえます。そして子どもの遊びは一人遊びから気の合う友達との遊びへと変化していきますが，集団での生活においては行動や意見の違いから，葛藤も経験します。友達とのトラブル場面においては保育者の仲介が必要な場合もありますが，4歳児頃になると自分の感情を言葉で表現したり，感情を調整したりすることを通して，次第に子どもたち同士で解決できるようになっていきます（岩田，2020）。保育施設における最終年限である5歳児になると，自分たちで考えを出し合い，意見を調整しながら遊びを進めたり，目標に向かって協力して取り組むことができるようになります。小学校入学前の幼児ですから，それほどたいしたことはできないだろうと思うかもしれません。しかし，多様な体験を通して成長した5歳児たちは，話し合いを通して運動会の組体操の新しい型を考え出したり，自分たちで生活発表会に向けて内容を考え，計画的に練習に取り組んだりすることができるようになります。

　このように保育施設で保育を受けながら子どもたちは成長していきます。しかし，前述したような個々の子どもたちが意見を出し合い，調整し，自発的に協力しながら物事に取り組むことができる子ども集団を育てることは，容易なことではありません。集団として動くことを重視した保育者主導の保育のもと

では，子どもの主体性は発揮されにくくなります。そうだからといって，子どもたちがそれぞれ好きに活動していたのでは，居心地の良いクラス集団は形成されません。そこで保育者の「援助」が重要となってきます。

　小川（2010a）は，保育における「指導」とは原則的に「援助」でなければならないとし，「援助」とは，幼児に対し，どう関わることが可能なのかを見極めた上で，子どもが望ましい状態に達してほしいという大人の願いを持って子どもに関わることであるとしています。そしてこの「援助」は幼児理解を基本として，幼児の動きを予測し，幼児への関わりをイメージすることを前提とし，それらをもとに環境構成がされるとしています。実はこの幼児理解が集団を対象とした保育においてはとても難しいのです。担任保育者は，保育を実践しながら，集団ではなく個々の子どもに関する理解をしていかなければなりません。日々状況が変化する中，保育をしながら 30 人前後の子どもたちの様子を把握することを想像してみてください。小川は，保育において「見る」こととは 2 つの目が必要であり，保育者には 2 つの目の変換を発揮できる能力が必要であるとしています。その 2 つの目とは幼児を援助する必要性が生じたら即座に援助行為を発動させようと身構える「かかわりの目」と，対象との間に一定の距離を置き，対象として見ようとして見る目「観察の目」ということです（くわしくは小川博久著『保育援助論』を参照）。個々の子どもたちが保育者によって十分に理解され，その理解をもとに子どもの育ちを願って構成された環境のもと，子どもたちは個としてそして集団として健やかに育っていくのです。

7　遊びと非認知能力の育ち

　アメリカの経済学者であるヘックマン（Heckman, J., 2015）は，経済を発展させるためには IQ テストや学力検査で測る認知能力ではなく，非認知的な要素が必要であるとし，幼児期の教育の重要性について述べています。近年幼児教育の分野では，この非認知能力について注目が集まっています。非認知能力とは，どのような能力なのでしょうか。平野（2019）は，知識，計算力，論理的思考力といった認知能力に対し，非認知能力を忍耐力や自制心，対処能力，意欲，創造性など，人間の気質やパーソナリティを含んだスキルであるとしてい

遊びを促す遊びコーナー

　子どもたちは環境に関わることを通して様々なことを学び，成長していきます。乳幼児期においては，大人から教えられて学ぶことより，子どもが主体的・能動的に環境に関わることによって，気づいたり，考えたりすることが大切であるとされています。そして乳幼児の主体的な活動の中心は「遊び」です。

　ここで遊びについて少し考えてみたいと思います。小川（2010b）は遊びを幼児自らの動機で自らの活動をそれ自体の活動を楽しむために引き起こすこととして定義しています。つまり保育者が「今日は，みんなで粘土遊びをするよ。」と言って一斉に始められる活動は，厳密にいうと遊びではないのです。しかし，「さあ自分のやりたい遊びをしよう。」としても，子どもたちが自分のやりたい遊びを見つけられるわけではありません。そこで重要となってくるのが「こんなことをしてみたい」「これで遊びたい」と思わせる環境づくりです。

　幼稚園や保育所の中には，保育室に遊びのコーナーを設置している園があります。例えば，自分で選んで手に取って遊べるように積み木やブロックが決まった場所に置かれていたり，ままごとの流しや道具，家具がまるで小さな家のように配置されていたりします。子どもたちはこうした環境に触発され，やりたいことを見つけ遊びます。中にはどんなに魅力的な環境が整えられていても，自分から遊びだせない子もいます。そこで保育者は遊びのモデルとなったり，子どもたちの遊びに入るなどして，子ども同士をつないだりします。そして子どもの遊びの様子を見ながら，コーナーに配置するモノを変えるなど環境を再構成します。子どもの遊びにおいて保育者は，遊びを教える者なのではなく，子どもたちの遊びを促す重要な遊び環境の一部なのです。　　　　　　（及川留美）

ます。確かに小学校以上で教科書や授業を通して身につける認知能力とは明らかに異なる性質であることがわかります。

　また心理学者のグレイ（Gray, P., 2018）は，学びとパフォーマンスとの関係について「学び，問題解決，創造性は遊び心を妨げることによって悪化し，遊び心を促進することによって改善する」としています。さらに，1人以上が参加するすべての遊びは，その本質によって，協力すること，互いのニーズを思いやること，合意を得られる意思決定をすることなどの継続的な練習の場であるとしています。つまり，子どもは遊び心をもって遊ぶことによって，上記で示したような非認知能力が育っていくのです。

　保育施設では，幼稚園教育要領の幼児教育の基本に「幼児の自発的活動としての遊びは，心身の調和のとれた発達の基礎を培う重要な学習であることを考慮して，遊びを通しての指導を中心として……」とあるように，子どもの遊びを重視しています。子どもの遊びは自由で自発的であり，遊びそのものを目的として行う活動であるという特徴を持っています。実際の遊びの様子から子どもの育ちについて考えてみましょう。

　5歳児のアキラは，仲間とともにコマ回しで遊び始めました。仲間たちが次々とコマが回せるようになる中，1か月練習し続けてもアキラはコマを回すことができません。それまでできないことに対して，途中で投げ出したり，イライラしていまいがちであったアキラでしたが，コマだけはあきらめずに取り組みました。そして，保育者や仲間たちが見守る中，とうとうコマを回すことができました。「ヤッター」とガッツポーズをするアキラ。そして「アキラくん，よかったな」と一緒に喜ぶ仲間たちとアキラの様子を見守っていた保育者の姿があります。アキラにはこの経験を通して何が育ったでしょうか。根気強く取り組む気持ち，諦めずに取り組むことによって得た達成感や自信，見守り一緒に喜んでくれる仲間の存在やその有難さについて感じていたものと思います。アキラが1か月以上も粘り強くコマ回しに取り組めたのは「仲間と一緒に遊びたい」という気持ちがあったからでしょう。

　幼児教育において遊びが重視されている背景には，遊びが非認知能力を含む子どもの様々な側面の育ちを促す要素を含んでいること，子どもがやりたいと思って自ら取り組む活動であることがあります。保育者には，活動を考えて組

み立て子どもたちにやらせることではなく，子ども理解に基づいて，子どもの
やりたい気持ちを喚起させる環境を構成すること，そしてその気持ちを後押し
するという援助が大切なのです。 （及川留美）

（1） 幼児教育の現状（幼児教育の実践の質向上に関する検討会　参考資料 5，2019）
　　　によると 2019 年度の 5 歳児の人数に対する保育園児は 40.7%，幼稚園児は 43.2%，
　　　幼保連携型認定こども園児 14.4% となっています。

（2） 保育活動全体を通して，「知識及び技能の基礎」「思考力，判断力，表現力等の基
　　　礎」「学びに向かう力，人間性等」が育まれている小学校就学前の具体的姿。10 の
　　　姿が示されており，保育所，幼稚園，認定こども園すべての保育施設に共通のもの
　　　です。

●引用文献

平野真理（2019）．非認知能力　秋田喜代美（監修）東京大学大学院教育学研究科付属
　　発達保育実践政策学センター（編）保育学用語辞典　p.59　中央法規

岩田美保（2020）．園における集団の中で育む感情—四歳児クラスの仲間関係の葛藤解
　　決をふまえて—　発達, *163*, 57-63.

ジェームズ・J・ヘックマン　大竹文雄（解説）古草秀子（訳）（2015）．幼児教育の経
　　済学　東洋経済新報社

厚生労働省（編）（2018）．保育所保育指針解説　フレーベル館

文部科学省（編）（2018）．幼稚園教育要領解説　フレーベル館

文部科学省（2019）．幼児教育の実践の質向上に関する検討会 https：//www.mext.go.jp
　　/b_menu/shingi/chousa/shotou/140/shiryo/1422191.htm

森上史郎・柏女霊峰（編）（2010）．保育用語辞典第 6 版　ミネルヴァ書房

小川博久（2010a）．保育援助論　萌文書林

小川博久（2010b）．遊び保育論　萌文書林

大畑耕一（2000）．わらべうたの考察—音階・旋法とリズムの分析を中心に—　藤女子
　　大学紀要, *38*, 49-60.

大豆生田啓友・三谷大紀（編）（2021）．最新保育資料集 2021　ミネルヴァ書房

ピーター・グレイ　吉田新一郎（訳）（2018）．遊びが学びに欠かせない訳　築地書館

第 8 章

配慮が必要な子どもを支える支援

——DSM-5 の特徴と支援のポイント——

　特別な配慮が必要な子どもとは，どのような子どもでしょうか。特別な配慮が必要な子どもには，知的障害児，発達障害児，身体障害児（肢体不自由，視覚障害，聴覚障害など），病虚弱児などの障害のある子どもが含まれます。一方最近では，外国語を母国語とする外国にルーツのある子どもや家庭養育に課題のある子ども，天才児（ギフティッド）を配慮が必要な子どもに含める場合もあります。

　これらの配慮が必要な子どものうち，本章では DSM-5 の神経発達症のある子どもを中心に学んでいきましょう。

1　特別な配慮が必要な子どもたち

　さくら保育園では運動会に向け，子どもたちが園庭で開会式の練習をしています。子どもたちの中にちょっと気になる様子の子どもがいるようです。

　こうちゃんは，練習のはじめから自分の位置に並んでいられずふらふらと動き回ったり，前のお友達を強く押したり引っぱったりして，落ち着きません。先生に止められてもやめることができないようです。ともちゃんは，準備体操の音楽が鳴りだした途端，両耳に手を当てて，「キーッ」と言いながらぴょんぴょん跳ねています。後ろの列にいるはるちゃんは，リズムに合わせて一生懸命に体を動かそうとしますが，なかなか動きのタイミングが合わ

ず，足をばたつかせ滑らかに体を動かすことができません。一番後ろの列で座りこんで地面の砂をいじっているまあちゃんの横には補助の先生がついて参加を促しています。園の門近くには，お母さんにしがみついて激しく泣いているほのちゃんの姿も見えます。

　さくら保育園のこれらの子どもたちは，特別な支援を受けながら毎日を過ごしています。

　本章では，特別な支援を必要とする子どもについて学びます。障害等の特別な支援を必要とする子どもは，早期発見・早期療育とともに，乳幼児期から一人ひとりの特性にあった支援を，切れ目なく一貫して行うことが大切です。ここでは，まず特別な支援の必要な気になる子どもの特性をDSM-5（表8-1）に基づき解説し，その特性に合わせた支援について学びましょう（DSMについて

表 8-1　DSM-5　神経発達症群（Neurodevelopmental Disorders）

知的能力症／障害 (Intellectual Disabilities)	知的能力症／障害 全般性 特定できない
限局性学習症／障害 (Specific Learning Disorder)	読字の障害を伴う 書字表出の障害を伴う 算数の障害を伴う
コミュニケーション障害 (Communication Disabilities)	言語症／障害 語音症／障害 小児期発症流暢症／障害（吃音） 社会的（語用論的）コミュニケーション症／障害
自閉スペクトラム症／自閉症スペクトラム障害 (Autism Spectrum Disorder)	自閉スペクトラム症／自閉症スペクトラム障害
注意欠如・多動症／障害 (Attention-Deficit/Hyperactivity Disorder)	混合して存在 不注意優勢に存在 多動・衝動優勢に存在
運動症群／障害群 (Motor Disorders)	発達性協調運動症／障害 常同運動症／障害 チック症群／障害群

（出所）DSM-5をもとに作成。下位分類は本章に関連する項目を記載。

は第9章（p. 95）も参照）。

2　気になる子どもの姿とは

(1) 知的能力障害群

　知的能力障害のある子どもは，言葉や認知などの知的機能の遅れとともに日常生活上の困難を示します。DSM-5 には，「知的能力障害（知的発達症）は，発達期に発症し，概念的，社会的，および実用的な領域における知的機能と適応機能両面の欠陥を含む障害である。(以下省略)」とあり，これらの3つの基準を満たすと知的能力障害と診断されます（図8-1）。発達期とは，おおよそ18歳までの時期です。適応機能とは，日常生活上の様々な活動のことです。具体的には，①概念的スキル（言葉，意思の伝達，読み書き計算など），②社会的スキル（自己決定，人との関わり，ルールを守ることなど），③実用的スキル（食事・着衣・排泄・移動などの日常生活の活動など）が含まれます。

　知的能力障害のある子どもの発達はゆっくりと進みます。言葉や歩行，日常生活の基盤となる食事，排泄，着衣などの身辺自立の遅れが見られることが多いため，保護者や保育者は，乳幼児期から生活を通して発達の程度に応じた細やかな支援を行います。知的機能の遅れにより言葉の理解や覚えておくことに困難があるため，指示を与えるときには，具体的に何をするかを伝える，複数の指示ではなく一度に一つのことを伝える，繰り返し伝えるなどの配慮が必要です。会話ではゆっくり話を聞いたり，子どもの言いたいことを代弁したりするなどして，日々の会話を通して言葉を育てることも大切です。また，遊びを

図8-1　知的能力障害の定義

補助食具　前後を見分ける印

図8-2　個々の発達に適した道具の例

通して物を動かす操作や体を動かすことなどの経験も発達を促す上で欠かせません。指導にあたっては，扱いやすい道具や持ちやすい食具，わかりやすい目印，わかりやすい設定など，個々の発達に適した道具や教材，設定を工夫します（図8-2）。このような環境整備と発達に適した対応は，大人からの介助量を減らし，子どもの自発的な行動を増やすことにつながります。

(2) コミュニケーション症群

　言葉の発達は，乳児期に泣きや喃語，指差しなどの前言語コミュニケーションが現れ，1歳前後になると単語の理解や発音ができるようになります。そして2歳頃までには2語文が話せるようになります。しかし，子どもの中には，乳児期の言葉の芽生えが見られなかったり，幼児期に言語の遅れや発音の不明瞭さ，話し言葉がスムーズでなかったり，会話が通じにくかったりするなどの，コミュニケーションに困難のある子どもがいます。これらの症状を DSM-5 ではコミュニケーション症群としています（図8-3）。

　言語症とは話し言葉を理解したり，話したり，文字の理解や表現したりする発達に遅れや困難を示すものです。語音症は，発音の不明瞭さなど，年齢相応の言葉の発声や発音がうまくできず，それにより社会参加，学業成績などに影響を与えている場合に診断されます。発音の誤りには，ある音が他の音に置き換わっている「置換」（例：さかな➡たかな，かば➡たば），語音の一部が省略され母音のみになっている「省略」（例：てれび➡てえび），日本語の語音として表記できない音に歪んでいる「歪み」があります。（発達ともに治癒する場

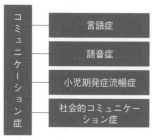

図8-3　コミュニケーション症
　　　　の種類

図8-4　小児期発症流暢症の話し方

合もありますが，）改善しない場合は言語聴覚士による構音訓練を行います。

　小児期発症流暢症とは吃音のことで，話すときに言葉に詰まったり，言葉を繰り返したりして，滑らかに話せない症状を示します。2～5歳ごろの発症が多く，性別では男児に多く見られます。原因ははっきりしていませんが，多くは生まれつきの体質と考えられています。吃音の話し方には，「連発」，「伸発」，「難発」の3つがあります（図8-4）。吃音のある子どもと話すときには，決して言い直しはさせず，ゆっくりと聞いてあげることが大切です。

　社会的（語用論的）コミュニケーション症は，基礎的な会話能力は十分にあるにもかかわらず，言語的，非言語的なコミュニケーションの社会的な使用に困難があるため，適切な会話や社会参加がうまくいかない状態です。私たちが会話をするときには，そのときの状況や話す相手の表情や声のトーンによってその言葉の意味がわかります。これを語用論といいます。例えば，子どもが出かけるときに，「今日は雨が降るわよ」と言われたら，「傘を持って行ったほうがいいですよ」という意味が含まれていることに気づくでしょう。赤ちゃんを見た祖母が，「まあ，マシュマロみたいなほっぺね，たべちゃおうかしら」と言ったら，「色白のやわらかな肌のかわいい赤ちゃんね」という意味で言っていることがわかるでしょう。しかし，社会的コミュニケーション症があると，このような比喩や皮肉，言葉にならない暗黙のルールの理解が困難になります。診断は，会話や言語がある程度発達していることが必要なため，幼児期後期以降が多いです。

(3) 自閉スペクトラム症（Autism Spectrum Disorder：ASD）

　ASDのある子どもは，対人関係の困難や強いこだわりを示します。これは脳の中枢神経系の機能障害による生まれつきの発達障害の一つであり，「①社会的コミュニケーションおよび相互関係における持続的障害，および②限定された反復する様式の行動，興味，活動を示す」場合に診断されます（DSM-5，図8-5）。

　ASDの症状の現れ方は多様です。子

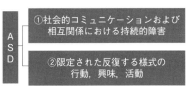

図8-5　ASDの定義

表8-2 早期発見のきっかけとなる様子

抱いた時に目が合わない	共同注意がない
母親以外の誰に抱かれても泣かない	人見知りや後追いがない
抱きにくい	呼んでも振り向かない
あやしても笑わない	ごっこ遊びをしない
指差しをしない	まねをしない

どもによって2つの特徴がともに強く出る場合もあれば，そうでない場合もあります。また知的障害やADHDなどの他の障害を併せ持つ子どもや，特異な感覚を持つ子どももいます。ASDはこれらを一つの連続した症状（スペクトラム）と捉えたものです。

　ASDには早期からの適切な支援が重要です。乳児期に対人関係の基盤となる母親との関わり（愛着形成）に困難を示す場合が多いです。そのため医療機関や乳幼児健康診査などを通して早期に診断され支援を開始することも増えています。例えば，ASDの早期のスクリーニングテストとしてM-CHAT（第6章表6-1参照）があります。母親や保育者など身近な人が日々の子どもの様子からASDの兆候に気づき，早期支援につながることもあります（表8-2）。

(4) 注意欠如・多動症（Attention-Deficit/Hyperactivity Disorder : ADHD）

　非常に落ち着きがなく，衝動的に動いたり，忘れ物が極端に多かったりする子どもがいます。その中にはADHDの症状のために困っている子どもがいるかもしれません。ADHDは，年齢または発達に不釣り合いな注意力，多動性・衝動性の困難さを示します。注意力の困難さとは，不注意，注意の持続や集中ができないなど，注意力をコントロールすることが難しい状態です。多動性は，落ち着きなく動きまわったり，じっと座っていられないなど，体の動きをコントロールすることが難しい状態です。多動性には，椅子に座っていてもむずむずと動き，姿勢を整えることができないなどの非移動性の多動も含まれます。衝動性は考える前に体が動いてしまったり，言葉が先走ったり，自分の気持ちのコントロールが難しかったりします。ADHDは，これらの症状が12歳以前に発症し，継続して明らかに子どもの社会的機能や学習機能が損なわれたり，

表 8-3　ADHD の特徴の具体例

注意の問題	・不注意，注意の持続や注意の集中が難しい，気が散りやすい ・物事を順序立てて行うことや，日常生活習慣の実行が難しい ・呼んでも聞いていないように見えることがある ・忘れっぽく，必要な物を無くしたりする
多動性	・手足をそわそわと動かし，またはいすの上でもじもじする ・落ち着きがなく，座るべき時に席を離れたり，きちんとすべき時に走り回ったり高い所へ登ったり，駆り立てられるように動く ・静かに活動に参加できない，しゃべりすぎる
衝動性	・質問が終わる前に答え始めてしまう ・順番を待つことが難しい ・他人がすることをさえぎる，邪魔をする

（出所）DSM-5 および文部科学省による ADHD の判断基準をもとに作成

質を低下させている場合に診断されます。ADHD は，脳の中枢神経系に何らかの要因による機能不全があると推定され，子どもの示す特徴により不注意優勢型，多動性衝動性優勢型，そして最も多い混合型に分類されます。落ち着きのなさなどの行動は，乳幼児の多くにも見られますが，ADHD の場合は，日常生活に支障が出るほどにその程度が強く，頻繁に見られるため，特別な支援が必要となります。幼児期には，集団活動において，保育者の指示を聞いていなかったり，勘違いしたり，聞いたことをすぐに忘れてしまったりします。また，着替えや片付けなどの毎日行うことに時間がかかったり，最後までできなかったりします（表8-3）。

　これらの ADHD のある子どもの行動は，脳の中枢神経系の機能不全があるために，必要なことに注意を向けたり，自分の行動を調整したり，物事を順序立てて計画的に実行したりすることが難しいと考えられています。決してふざけていたり，怠けていたりしているわけではないのです。保育者は，ADHD の子どもの注意がそれないように視界に入るものを少なくするなど環境を整えたり，わかりやすい指示やスモールステップで指導していくとよいでしょう。

(5) 限局性学習症（学習障害）（Specific Learning Disorder : SLD）

　知的障害はないが，読むことや書くこと，計算することなどの特定の部分に著しく困難を示す限局性学習症の子どもがいます。DSM-5 では「学習や学術

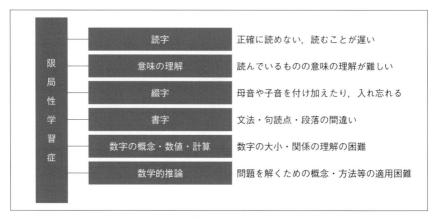

図 8-6　限局性学習症の種類と症状の例

表 8-4　発達性読み書き障害（Dyslexia）の「読み」の特徴

逐次読み	文字一つひとつを拾い読みする。
区切り読み	単語や文節の途中で区切ってしまう。
指での確認	文字を差しながら読む。文章を読む時間が長くかかる。
文字間隔による困難	文字間隔が広いと読めるが，狭いと読み誤りが増える。行を取り違える。
読み飛ばし	音読不能文字を読み飛ばす。
読み替え	文末などを適当に読み替える。
漢字の音訓	音読み，あるいは訓読みしかできない。

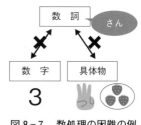

図 8-7　数処理の困難の例

的技能の使用に困難があり，その困難を対象とした介入が提供されているにもかかわらず，以下の症状の少なくとも 1 つが存在し，少なくとも 6 ヶ月以上持続していることで明らかとなる。1）読字，2）意味の理解，3）綴字，4）書字，5）数字の概念・数値・計算，6）数学的推論」と定義されています（図 8-6）。

　限局性学習症の知的水準は概ね IQ 80〜85 以上であり，小学校入学後に教師や親によって気づかれる子どもが多いです。

　LD のある学齢児の支援対象として，文字の読み書きに困難のある発達性読み書き障害（Dyslexia）と数の大小，数処理や計算，図形などの理解困難を示

す算数障害（Dyscalculia）があります（表8-4, 図8-7）。LD のある子どもには，視覚・聴覚などの認知面の偏りや，言葉の理解の偏り，記憶の問題，不器用さのある場合もあり，また ADHD と併発することも少なくありません。

(6) 運動症群

運動症群には，発達性協調運動症，常同運動症，チック症群が含まれます。ここでは，発達性協調運動症とチック症を取り上げます。

①発達性協調運動症（Developmental Coordination Disorder : DCD）

エピソードの C ちゃんのように，体の動きが非常にぎこちなく，頻繁に物にぶつかったり，極端に不器用であったりする発達性協調運動症（以下 DCD）のある子どもがいます。DCD は，「学習や練習の機会があるにもかかわらず，協調運動技能の獲得や遂行が，年齢に比して明らかに劣っている状態で，構音，咀嚼，嚥下，描画，書字，身辺処理動作，道具の使用などに困難」を示します。

具体的には，物を落とす，物にぶつかるなどの不器用さがあったり，物をつかんだり，はさみを使ったり，文字を書いたりする手先の操作や自転車に乗ったり，ボールを投げたりするなどの運動技能が緩慢であったり，できなかったりします（表8-5）。DCD は，脳の中枢神経系の機能不全によると考えられています。

幼児期には，座る，立つ，歩くといった基本的な運動発達が遅れ，食事，衣服の着脱，清潔などの日常生活動作や遊びに必要な動作が年齢相応にできないなどがあります。DCD の子どもには，子どもが自ら興味を持って遊ぶことのできる環境を整え，遊びを通した多様な動きを経験させることが大切です。ADHD の子どもには DCD の症状を示す子どもも少なくなく，ADHD と DCD を併せ持つ DAMP 症候群という概念が提唱されています。

表8-5　DCD のある幼児の様子（例）

手先の操作	塗り絵で枠内に塗れない，着替えが難しい，はさみ，スプーンやコップがうまく使えない，など。
粗大運動	階段の上り下りがぎこちない，3輪車にうまく乗れない，ボールをキャッチできない，物によくぶつかる，など。
言葉	言葉が不明瞭で聞き取りにくい

②チック症群

　自分では動かそうとしていないのに，まぶたや顔の一部がぴくぴく動いたり，鼻鳴らしをしたり，無意識に音声を発したりする状態などをチックといいます。

　チック症は，「突発的，急速，反復性，非律動性の運動または発声」です（DSM-5）。チックでは，脳からの信号がうまく伝わらずに，筋肉のコントロール不全が起こり，意思と関係なく（＝不随意に）筋肉が動いてしまうと考えられています。チックの症状はこのように不随意に起こり持続時間は短い特徴があります。チックには運動性と言語性があり，症状の継続する期間によって，一過性と1年以上継続する慢性に分けられます。1年以上続くチックのうち，運動性と言語性の両方の症状があるものをトゥレット症候群といいます。

　運動性チックには，瞬間的な瞬き，肩すくめ，手足の伸展などがあります。発声チックは音声チックとも呼ばれ，咳払い，鼻鳴らし，うなり，しゃっくりのような高音の発声などがあります。自分の発声を繰り返す，言葉じりを繰り返す複雑性のものもあります。

(7) 分離不安症

　子どもが母親などの愛着対象と離れるときに，不安で泣いたり抵抗することは乳幼児期の正常な反応ですが，分離に際し，発達段階に不相応な過剰な恐怖や不安を持ってしまう場合は分離不安症と診断されます。分離不安症はDSM-5の不安症群の一つです。

　幼児の場合，登園時の母親との分離の際に泣き叫ぶなど強烈に分離を拒否し，その際に子どもだけでなく，母親も分離を悲痛に感じると考えられています。登園しぶりや，身体的な痛みを訴えることもあります。分離不安症は，親自身の不安によって長引くことが多いため，治療は子どもと親への同時治療を行います。並行して，保育士に対して愛着を形成できるように援助するのも大切です。

3　神経発達症の子どもによく見られる行動特徴と支援

　特別な配慮が必要な子どもの中には，音に非常に敏感であったり，言語指示

を聞いて理解するよりも，絵や文字で示されたほうが理解しやすい子どもがいます。ここでは，神経発達症の子どもに日常場面でよく見られる行動特徴を理解し，支援について学びます。

(1) 感覚の特異性

　ASD などの発達障害のある子どもは，障害により感覚が過敏であったり鈍感であったりする場合があります。例えば，小さな音でも耳をふさぐほどに不快に感じたり，身体に触れられることや服を着るのを嫌がったり，泥，粘土，糊，固形石鹸の感触を嫌がり触れないなどがあります。一方，痛みに鈍感で怪我をしても痛がらなかったり，熱いものに触ってもすぐに手を離さなかったり，あるいはぐるぐる回転しても目が回らなかったりする子どももいます。これらの症状は慣れてくると軽減することもありますが，保育者は子どもの示す過敏な感覚や困難さをよく理解し，子どもが安心して過ごせるような環境を整えるようにします。

(2) 視覚優位

　視覚優位とは外から入ってきた情報を見て理解することや，見て記憶することが得意である認知特性です。認知とは，外からの情報を見たり，聞いたり，読んだりすることを通して，脳の中で理解したり，記憶したりするなどの情報を処理する機能です。人は状況に応じ認知を活用しますが，これらに偏り（認知特性）のある子どもがいます。認知特性には視覚優位，聴覚優位，言語優位などがあり，子どもの認知特性にあった対応をすることが大切です。例えば，視覚優位の子どもの場合は，聴覚認知や言語理解に困難があり，言語指示がわからない，複数の言語指示は記憶できない，順序立てて話すことが苦手，聞き返しが多いなどが観察されます。対応は，言葉のみで指示や説明をするよりも，実例を示したり，簡単なサインやジェスチャー，絵カード・写真・文字などを活用して，目で見て理解できるように示す工夫をします（図8-8）。このように子どもにとってわかりやすい関わりと環境整備を行って，早い時期から子どもと意思を通じ合えるようにすることが大切です。

並んだ順番におります　　前の人を押してはいけません

図8-8　ルールを教える印やカード

(3) 味覚障害

　偏食や味やにおいに敏感な味覚過敏のある子どもがいます。味覚過敏は，口の中の感覚が過敏であったり，においに過敏である症状で，普通の好き嫌いとは違います。味覚過敏は，発達障害，特に ASD によく見られます（表8-6）。

　対応のポイントは，無理に食べさせないことです。味覚過敏のある子どもに，苦手なものを無理に食べさせようとすると，偏食が悪化したり，食事を嫌がるようになります。工夫として，食器類や調理方法を変えたり，新しいものを食べさせるときに不安になる子どもの場合には，事前に説明して，最初は皿にのせて見るだけにするなど，段階的な支援が必要になります。

(4) 固有覚

　固有覚とは，身体の位置や動き，力加減を感じ取る運動感覚です。固有覚につまずきがあると，力加減が難しい，よく物を落とす，こぼすなどの行動の困難が生じやすくなります。固有覚は無意識に身体をコントロールする上で重要な感覚です。例えば，跳び箱など硬くて重いものを持ち上げるときには手に力を入れ，風船や折り紙で作った花などを持つときにはそっと持つなど力を加減したり，積木を積み上げる際に手をゆっくり動かすときなどに固有覚が働いています（図

表8-6　味覚過敏の症状の例

同じ食べ物ばかりを食べる
新しいものを食べない
特定の食感のものを嫌がる
特定の調理法にこだわる
食器にこだわる
苦手なものを口にすると吐いてしまう

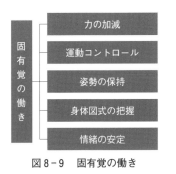

	力の加減
固有覚の働き	運動コントロール
	姿勢の保持
	身体図式の把握
	情緒の安定

図8-9　固有覚の働き

表8-7　固有覚のつまずきの例

力加減をせず乱暴な動きをする

よじ登れない，踏ん張れない

物にぶつかる，転びやすい

細かい動作ができない

身体に余分な力が入っている

姿勢を保てない

動きの模倣ができない

8-9，表8-7)。

　固有覚は，身体全体を使う大きな動きや体の複数の部位を使って動くことと関係します。遊びでは，ジャングルジム，縄跳び，追いかけっこ，三輪車・自転車，鉄棒，すもう，球技などがあります。

4　反応性アタッチメント障害（RAD）

　重度のネグレクト（育児放棄）や劣悪な施設環境により，乳幼児の要求に応えてくれる母親などの養育者との間で形成される親密な絆である愛着（アタッチメント）がうまく形成されない場合，まれに反応性アタッチメント障害（Reactive Attachment Disorder : RAD）が生じることがあります。養育者による心理的虐待やネグレクト，養育者の頻回な変更などにより，子どもと養育者が親密な絆を形成する環境が不適切であると，子どもは様々な不安定で複雑な行動を示すようになります。反応性アタッチメント障害は，著しく不十分な養育環境が原因で発症する，子どもと養育者の間のアタッチメントの欠如，もしくは著しく未発達なアタッチメントです。この障害の子どもの特徴として，苦痛なときでも泣きなどの愛着行動を示さなかったり，働きかけに反応しない無感情や人への接近の警戒や嫌悪，攻撃的な行動などがあります。治療は，心理療法などにより，子どもの心身の安全基地の確保，十分なコミュニケーション，スキンシップ，親密な人間関係の構築を段階的に行います。　　　　　（野澤純子）

第 9 章

家族を支える支援
──家族の病理と支援のポイント──

「子育て支援は親支援・家族支援」ともいわれるように，子育て支援を考え ていく上で，子どもが育つ場である家族への支援をどのように考えていくかは 非常に重要な視点です。支援に際して家族を見立てていく上での手がかりの一 つが家族病理という捉え方です。

家族病理とは，ある個人の抱えている問題や病的な状態の背景に，家族全体 の問題や何世代にもわたって積み重なってきた問題が影響している，という捉 え方のことです。

例えば，ある子どもの不登校について考えたとき，学校生活に要因があるの ではなく，両親が不仲でけんかが絶えず，常に不安定な家族関係のほうに要因 がある場合や，虐待をしてしまう親自身もまた，自分の親から虐待を受けて育っ ており，そのまた親も被虐待経験があるなど，いわゆる「負の連鎖」と呼ばれ るような世代間連鎖が具体例として挙げられます。

本章では，この家族病理という視点から家族への支援について考えていきま す。

1　家族システム論から見た家族病理

家族とは，個々の構成員を指すとともに，その集合体，すなわち一つのシス テムとして捉えることができます。この考え方を家族システム論といいます。 そこに展開する家族の人間関係は，乳児と母親など身近な他者との1対1の濃

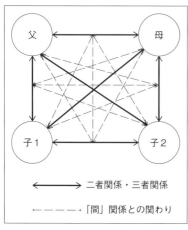

二者関係・三者関係

「間」関係との関わり

図9-1　家族内に展開する関係

密な関係からなる二者関係に始まり，父親と母親の夫婦関係や母子関係，父子関係，きょうだい関係などの二者関係，そこに第三者が加わっての三者関係へと，家族から社会まで多様な人間関係が展開します。さらに三者関係的状況においては，二者の「間」関係との人間関係も存在します。

こうした三者関係も含め，具体的に，両親と2人の子どもからなる4人家族に当てはめて，家族内に展開する関係を表したものが図9-1です。

実際には，この図に表されている以外にも，状況により，さらに多層的で複雑な人間関係が展開する場合もあります。例えば，両親の夫婦関係が子どもたち2人のきょうだい関係に影響を及ぼすこともあるでしょう。

1人の子どもが抱える課題が，実はその子ども自身だけの課題ではなく，家族全体の抱える課題やアンバランスさをあたかも代表して引き受けるかのように，問題や課題となる症状を呈する。ところが，その子どもの課題が解決した途端，もう1人の子どもに何かしらの課題が表れるということは決して珍しくありません。

システムとして家族を捉えたとき，個々の家族の構成員は，独立した一個人として存在すると同時に，相互に影響し合う存在であり，家族という集合体それ自体がまるで一つの生き物のような存在といえるかもしれません。

2　家族の精神疾患・発達障害と家族病理

家族の中に精神疾患や心理的な問題を抱える者がいることが，その家族全体に病的な状態をもたらしたり，社会的に不適応な状態を引き起こしたりする場合があります。

例えば，父親がうつになったことで，それを支える母親が精神的に疲弊してしまい，その結果，家族全体の生きるための活力や社会への適応力が低下し，子どもへのネグレクトが生じたり，子どもが不登校状態となってしまったりするなど，負の影響が家庭全体に及ぼされることがあります。このような場合，子どもを支援するためには家族全体を支えていかなければなりません。

　それでは，ここで保護者の抱える問題として私たちが耳にすることが多い病気や障害について，第8章でも取り上げたDSM-5およびICD-10をもとに見ていきましょう。DSMはアメリカ精神医学会が作成しており，精神疾患や発達障害の診断によく用いられています。なお，DSMの正式名称は「精神疾患の診断・統計マニュアル（Diagnostic and Statistical Manual of Mental Disorders）」といいます。また，ICDの正式名称は「疾病及び関連保健問題の国際統計分類（International Statistical Classification of Diseases and Related Health Problems）」といい，それぞれ頭文字をとってDSMおよびICDと呼ばれています。

　ICDは，精神疾患のみを対象としているDSMと異なり，すべての疾病や傷害を対象としています。ICDの精神疾患の分類は，DSMと概ね共通していますが，分類の仕方や分類名，診断名が異なるものもあります。

　医学的には，DSMとICDのどちらも国際的な診断基準とされていますが，WHOに加盟している国には疾患統計の報告にICDを使う義務があり，日本でも公式な診断や報告，行政的な認定などには基本的にICDが用いられています。なお，ICDの最新改訂版はICD-11です。ICD-11は2018年にWHOから公表され，日本では2022年1月に発効予定で，ここではICD-10を使っていきます（2021年現在）。

　以下，DSM-5またはICD-10から，子育て支援の現場において，よく保護者の抱える精神疾患として耳にする疾患をいくつか取り上げ，その疾患が家族や子育てに及ぼす影響と合わせて見ていきます。

(1) 統合失調症スペクトラム

　DSM-5では「自閉症スペクトラム」と同様に，「統合失調症スペクトラム」という一連の連続体という概念で捉え，表9-1の5つの症状を統合失調症の中

表9-1　統合失調症の中核症状

1. 妄想
2. 幻覚
3. 思考の解体・疎通性のない会話
4. 非常にまとまりのない言動・緊張病性の行動
5. 陰性症状（感情の平板化・無為）

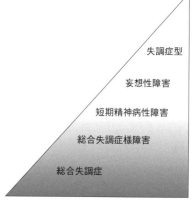

図9-2　DSM-5　統合失調症スペクトラム（岩田，2014）

核症状と定義し，その症状の有無や重症度，持続時間などから判断しています。また，統合失調症スペクトラムに包摂される障害を，症状がはっきりと現れない軽症のものから，現実検討能力が失われる重症のものへ順番に並べると図9-2のようになります（図の下のほうに行くほど重症となります）。

　子どもは成長していく過程において，身近な存在である家族，多くの場合，親との関わりを通して，対人関係や情緒の安定の基盤となる愛着関係を形成していきます。また，外界のあらゆるものについての認知には親の価値判断基準が大きく影響します。

　したがって，もしも発達の重要な土台となる親が統合失調症スペクトラムを発症している場合，子どもたちの情緒は不安定となり価値基準にも偏りや混乱が生じる可能性が高くなります。

(2) うつ病（双極性および関連障害・単極性うつ病など）

　近年，「うつ」という言葉をよく耳にするようになりました。母親の「産後うつ」による養育困難や，父親が「うつ」で休職となり経済的に困難な状況に陥るなど，子育て支援や保育の現場では身近な精神疾患の一つです。しかし，この「うつ」という言葉は，実際のところ「抑うつ状態」なのか「うつ病」な

のか，あいまいな使われ方をすることもあるのが現状です。表9-2はうつ病の診断基準のうち，大うつ病性障害という抑うつ状態の診断基準を抜粋したものです。一般に「うつ」と聞くと表9-2のような「抑うつ状態」のイメージを抱く人が多いと思いますが，実際にはふさぎこんだままだけでなく，気分に波があり「抑うつ状態」と「躁状態」が交互に現れる「双極性」と呼ばれる症状の人もいます。ついこの前までふさぎ込んでいた人が，急に意欲的になったり言動がアグレッシブになったりするため，周囲は戸惑い，振り回されてしまいます。それでも元気になったのであれば良かったと思っていると，突然，今度はふさぎ込んでしまう。その繰り返しに，本人も周囲も困惑してしまいます。

　これまで，ICDやDSMでは，うつ病も抑うつ障害も双極性障害も大きく「気分（感情）障害」として分類していました。ICD-10では，引き続きこれらをすべて「気分（感情）障害」として分類しています。一方で，DSM-5では双極性障害を「双極及び関連障害」（表9-3）として「単極性うつ病」や「抑うつ障害」とは明確に区別し，それに伴いDSM-Ⅳで使用していた「気分（感情）障害」という用語も使用しなくなっています。

　ICD-10を用いた厚生労働省の調査によると，日本の「気分（感情）障害」患者数は欧米と比較して少ないといわれ，同省が実施している患者調査によれ

表9-2　DSM-5によるうつ病の診断基準（抜粋）

大うつ病性障害
A. 以下の症状のうち，5つ以上が2週間存在し，病前の機能からの変化を起こしている。ただし，(1) 抑うつ気分または (2) 興味または喜びの喪失は必ず含まれる。
(1) ほとんど一日中，ほとんど毎日の抑うつ気分
(2) ほとんど一日中，ほとんど毎日の，全てまたはほとんど全ての活動における興味または喜びの喪失
(3) 体重減少または増加。もしくは食欲低下または過食
(4) ほとんど毎日の不眠または過眠
(5) ほとんど毎日の精神運動焦燥または制止
(6) ほとんど毎日の疲労感や気力の減退
(7) ほとんど毎日の無価値感，罪責感
(8) 思考力や集中力の減退，またはほとんど毎日の決断困難
(9) 希死念慮，自殺企図
B. その症状は臨床的に意味のある苦痛，または社会的，職業的，または他の重要な領域における機能の障害を引き起こしている。
C. そのエピソードは物質の生理学的作用，または他の医学的疾患によるものではない。

表9-3　双極及び関連症群 (鈴木, 2014)

躁症状 ＼ うつ症状	大うつ病エピソード（5個以上の症状が2週間以上）	閾値下大うつ病（症状が4個以下または持続が2週間未満）	なし
躁病エピソード（3-4個以上の症状が7日以上）	双極症Ⅰ型	双極症Ⅰ型	双極症Ⅰ型
軽躁病エピソード（3-4個以上の症状が4日以上）	双極症Ⅱ型	他で特定される双極性疾患 (3)（気分変調症があれば併記）	他で特定される双極性疾患 (3)
閾値下軽躁病（症状が1-2個または持続が2-3日）	他で特定される双極性疾患 (1,2)	気分循環症（2年未満の場合，他で特定される双極性疾患 (4)）	特定不能の双極性疾患

・閾値下大うつ病は大うつ病エピソードを満たさないうつ症状を，閾値下軽躁病は軽躁病エピソードを満たさない軽躁症状を，それぞれ示す。

ば，1996年には43.3万人，1999年には44.1万人とほぼ横ばいでしたが，2002年には71.1万人，2005年には92.4万人，2008年には104.1万人と，著しく増加しています（厚生労働省HPより抜粋）。

　ただし，欧米と比較して12か月有病率（過去12か月に経験した者の割合）・生涯有病率（これまでにうつ病を経験した者の割合）ともに低い一方で，欧米では一般的に女性，若年者に多いとされていますが，日本では中高年でも頻度が高く，うつ病に対する社会経済的影響が大きいということがわかっています。

　子育て家庭にとって，家族の一員がうつ病や抑うつ障害，双極性障害であるということは，心理的・経済的にも深刻な影響を及ぼすこととなり，不安定な状況の中で子どもを守ることは，地域社会に課された重要な役割といえるでしょう。

(3) 不安障害・強迫関連障害・心的外傷およびストレス因関連障害など

　不安障害・強迫関連障害・心的外傷およびストレス因関連障害もまた，家族病理として子どもの成長に深刻な影響を及ぼす要因の一つです。かつては，強迫性障害やそれに類する疾患は不安障害の中に含まれていましたが，DSM-5では不安障害と強迫関連障害は区別され，それぞれ独立の項目となっています。

表 9-4　不安障害と強迫関連障害，心的外傷およびストレス因関連障害の DSM-5 における具体的内容

不安障害

分離不安症／分離不安障害 Separation Anxiety Disorder
選択性緘黙 Selective Mutism
限局性恐怖症 Specific Phobia
社会不安障害（社会恐怖）Social Anxiety Disorder（Social Phobia）
パニック障害 Panic Disorder　など

強迫関連障害

強迫性障害 Obsessive-Compulsive Disorder
身体醜形障害 Body Dysmorphic Disorder
溜め込み障害 Hoarding Disorder
抜毛症 Trichotillomania（Hair-Pulling Disorder）　など

心的外傷およびストレス因関連障害

反応性アタッチメント障害／反応性愛着障害 Reactive Attachment Disorder
脱抑制型対人交流障害 Disinhibited Social Engagement Disorder
心的外傷後ストレス障害 Post Traumatic Stress Disorder
急性ストレス障害 Acute Stress Disorder
適応障害 Adjustment Disorders　など

また，PTSD（心的外傷後ストレス障害）も適応障害とともに，心的外傷及びストレス因関連障害として独立の項目となっています。同様に，2018 年に公表された ICD-11（日本語版は 2022 年に発表予定）においても，これらの精神障害はそれぞれ独立した項目となっています。

　それでは，もう少し，不安障害と強迫関連障害，心的外傷およびストレス因関連障害の具体的な内容について表 9-4 を見てみましょう。

　表 9-4 に挙げた精神疾患の中には家族病理との関連が深いものが多く，両親の不和や親子関係から来るストレスが要因となるものもあります。

　反応性アタッチメント障害／反応性愛着障害（愛着関係を求めすぎて他者との適度な距離感を持つことができず，対人交流が過剰になりがちな一方で，交流は表面的で信頼関係が基盤にない）と脱抑制型対人交流障害（愛着対象を求めず，他者を過剰に警戒し，交流しない）などの精神障害は，虐待による深刻な負の影響の結果である場合が多く見られます。

(4) 哺育と摂食の障害

哺育と摂食に関する障害には、「神経性無食欲症（Anorexia Nervosa）」や「神経性大食症（Bulimia Nervosa）」、新たに DSM-5 から加わった「むちゃ食い障害（Binge-Eating Disorder）」などの摂食障害などに代表される精神疾患があります。現時点でこれらの疾患に共通する要因や固有の要因ははっきりとしていませんが、幼少期の不安定な親子関係や成人することへの抵抗感が摂食障害の要因の一部となっている事例もあり、アセスメントには家族病理の視点が欠かせません。

(5) 発達障害（現・神経発達症候群）

子どもの発達障害については第8章で述べているとおり、DSM-5 ではそれまで発達障害と呼んでいたものを神経発達症候群へと分類名を変更しています。

ASD（自閉症スペクトラム）や ADHD（注意欠如／多動性障害）、SLD（限局性学習障害）など、それぞれの障害の基本的な特徴（診断基準）も子どもと大人で変わりませんが、大人の場合、それまでの成長過程において、乳幼児期の「育てにくさ」から親子関係に問題が生じる場合も多く見受けられ、虐待の要因となることもあります。また、障害特性のうち、コミュニケーション面の偏りや困難さから周囲に誤解されやすく、トラブルも生じやすいために他者との信頼関係がうまく構築できなかったり、学習面の困難さから自信を失いやすかったりすることから、自己肯定感の低下などの二次障害へ発展してしまうことも少なくありません。

また、保護者自身に発達障害がある場合、感情の起伏が激しかったり、相手の表情や場の空気を読んだりするのが苦手であるなどの他者とのコミュニケーションの特性から、保育者や支援者と保護者との連携が難しいことがあります。その場合、子どもの問題以前に保護者自身のアセスメントが必要となります。

以上のように、家族を支える支援では家族病理のアセスメントを行うことは不可欠です。また、保護者自身に何らかの精神疾患や障害がある場合には、その特性を踏まえ、保護者自身の支援も視野に入れ、外部の専門家や専門機関と連携・協働しながら家族全体の支援を行っていくことが大切です。

3　家族への支援

　それでは家族病理の視点からのアセスメントを経て，家族への支援を行った
事例について考えてみましょう。

事例：登園渋りのエミちゃん

> 〈家族構成〉　母：30代前半，父：30代前半，エミちゃん（仮名）：5歳・幼稚園
> 年長クラス
> 〈主訴〉　幼稚園に行きたがらない

〈支援の経過〉

● 支援開始当初の様子

　娘のエミちゃんが「幼稚園に行きたがらない」という母からの相談が地域の
子育て支援センターにあったのは夏休み明けの9月のことでした。もともとエ
ミちゃんはおとなしく，自分から積極的に友達に声をかけるタイプではないも
のの，同じクラスにはいつも一緒に仲良く遊ぶ友達もおり，クラス担任との関
係も良好とのことでした。何かあったのかと担任にも相談しましたが，特に園
生活でトラブルなど，思い当たることはないと言われたそうです。

　そこで，母子での来所を勧めたところ，数日後，エミちゃんは母と一緒に来
所しました。エミちゃんは小柄でおとなしい女の子で，担当の心理相談員が「こ
んにちは」と声をかけても，うつむいて小さくうなずくのみでした。ところが，
エミちゃんはプレイルームへ，母は面接室へと別々に案内しようとすると，エ
ミちゃんは激しく首を振って嫌がりました。そこで，しばらくプレイルームで
母も一緒に遊び，エミちゃんが子ども担当の相談員と母親担当の相談員と両方
に慣れたころ，プレイルームの向かい側の面接室を見せ，会いたくなったらい
つでも様子を見に来ていいということを伝え，ようやくエミちゃんは母と離れ
ることができました。

● 相談の過程でわかったこと

　その後，何度か来所相談を重ねるうちに，エミちゃんの両親の夫婦関係が以

前よりうまくいっておらず，夏休み中に，父が家を出ていってしまったことがわかりました。どうやら浮気相手の女性のところにいるらしいとのことでした。母は夫婦関係が悪化する中，気分の落ち込みが激しく夜眠れなくなり，現在は精神科に通院治療・服薬していること，また離婚調停に向けて動き出したものの，慰謝料や養育費のことでもめているとのことでした。

また，エミちゃんの担当者からはエミちゃんの気になる様子が報告されました。プレイルームで人形を使ってままごとをしていると，お母さんの人形に向かってエミちゃんが「ママ，ママ，起きてちょうだい。どうしたの？ またお薬飲んじゃったの？」と言ったとのことでした。また，同じままごとの場面で，担当者が扮する犬の人形が，「エミちゃん，一緒に遊びに行こうよ」と誘うと「だめだめ，ママが一人ぼっちで泣いちゃうよ」と真剣な表情で言ったとのことでした。

さらにその後，母が衝動的に大量の睡眠薬を服薬して自殺を図ったこと，それを最初に発見したのが，母方実家に遊びに行き，祖母に送られて帰宅したエミちゃんだったことがわかりました。もともと，母は祖母と相性が悪かったのですが，この自殺未遂がきっかけで母と祖母が口論になり，以来，母が祖母をシャットアウトしている状態が続いていました。

● アセスメント

幼稚園は義務教育ではないため，登園渋り自体は不登校と比較して，それほど深刻な問題として扱われない傾向があります。

しかし，家族全体の病理という視点からアセスメントを実施していくと，エミちゃんの両親の夫婦関係の悪化から来るストレスフルで不安定な家庭状況が浮かび上がってきました。エミちゃんの前での激しい夫婦げんかは「面前DV」ということで「心理虐待」となります。さらに，エミちゃんの登園渋りは，実際には，母自身にその要因があったと考えることができます。つまり，エミちゃんは自分が母のそばを離れて母を一人にしてしまったら，母が「一人で寂しくて泣くのではないか」「薬を大量に飲んで二度と目覚めないのではないか」と心配するあまり，幼稚園に「行きたくない」のではなく「行けなかった」のではないかということが推察されました。

●その後の支援の経過

　エミちゃんの担当者はエミちゃんと相談し同意を得て，母にエミちゃんの思いを伝えるとともに「死なないでほしい」というお願いをしました。母自身も，来所相談を重ねていく中で，エミちゃんの本当の思いに気づき，二度と薬を大量に飲むようなことはしないと約束をしました。

　子育て支援センターでは，離婚に備え，ひとり親家庭への行政による具体的な支援内容について相談できるように，地域の母子・父子自立支援員につなぎました。一方で，関係が途絶えている，母方実家との関係について，エミちゃんのためにも修復が望ましいとして，母の了承を得て実家と連絡を取り，娘母子の支援について母方祖母と話をしました。また，母自身の申し出により，幼稚園に離婚調停中であることを伝え，少しずつ登園を始めたエミちゃんの見守りを依頼しました。

　その後，離婚調停は長引いているものの，エミちゃんの小学校入学を見据えて，母方実家の近くに転居することを決め，転居先の子育て支援センターに情報提供し，転居後すぐに，必要に応じて支援が受けられるような体制を整えました。母の通院先の主治医にも紹介状をもらい，引き続き，医療的なケアが受けられるようにしました。

　年が明ける頃には元気に登園できるようになったエミちゃんは，幼稚園の卒園式を終えると，母方実家の近くへと転居していきました。

〈エミちゃんの事例からわかること〉

　エミちゃんの事例からは，一見すると「登園渋り」というエミちゃん自身の問題と思われたことが，家族全体の状況をアセスメントすることで，背景に家族の持つ病理性が大きな要因として浮かび上がってきました。そして，それらの問題一つひとつについて，より専門的な支援を得られるように体制を整えています。またそれぞれの支援機関同士も，必要な情報を共有しながら一つのチームとして協働しています。

　このように，社会全体で家族を支える支援が安定して機能していくことで，個人や家族の抱える問題も改善の方向に向かっていきます。　　　　　（柳瀬洋美）

●引用文献

American Psychiatric Association（2013）. *Desk reference to the diagnostic criteria from DSM-5*. Washington, DC : American Psychiatric Publishing.（髙橋三郎・大野　裕（監訳）（2014）. DSM-5 精神疾患の分類と診断の手引　医学書院）

岩田泰秀（2014）. 総合失調症スペクトラムおよび他の精神病性障害　森　則夫・杉山登志郎・岩田泰秀（編著）　臨床家のための DSM-5　虎の巻　日本評論社　pp. 64-73.

厚生労働省HP　疾病, 障害及び死因の統計分類　https://www.mhlw.go.jp/toukei/sippei/

日本精神神経学会・精神科病名検討連絡会（2014）. DSM-5　病名・用語翻訳ガイドライン（初版）　精神神経学雑誌, *116*（6）, 429-457.

鈴木勝昭（2014）. 双極性障害とうつ病性障害　森　則夫・杉山登志郎・岩田泰秀（編著）　臨床家のための DSM-5　虎の巻　日本評論社　pp. 74-85.

第**10**章

社会的子育てを実現するための
保育ソーシャルワーク

　ここまで本書では保育カウンセリングを中心に説明をしてきました。本章では，保育ソーシャルワークを中心に説明することとします。その理由として保育ソーシャルワークは保育カウンセリングと同様に社会的子育ての実現のために重要な視点であり専門技術であるからです。具体的には，多くの人が保育ソーシャルワークという言葉に聴き慣れていないことを踏まえ，保育ソーシャルワークとは何か，そして，保育カウンセリングとどのような関係にあるかを理解することを目指します。本章を通じて，保育カウンセリングのみならず保育ソーシャルワークが現代社会において必要な専門技術や活動であることの理解を深めます。

1　保育ソーシャルワークとは

　保育ソーシャルワークとは何かを理解するためには，まず，ソーシャルワーク自体を理解しておく必要があります。

(1) ソーシャルワークの定義・体系
　ソーシャルワークは，社会福祉援助技術とも訳され，様々な活動・方法があり，多くの意味を含んだ言葉です。公益財団法人日本社会福祉士会の倫理綱領では，ソーシャルワークを次のように定義しています。

> ソーシャルワークは，社会変革と社会開発，社会的結束，および人々のエンパワメントと解放を促進する，実践に基づいた専門職であり学問である。社会正義，人権，集団的責任，および多様性尊重の諸原理は，ソーシャルワークの中核をなす。ソーシャルワークの理論，社会科学，人文学，および地域・民族固有の知を基盤として，ソーシャルワークは，生活課題に取り組みウェルビーイングを高めるよう，人々やさまざまな構造に働きかける。
>
> （出典：日本社会福祉士会　倫理綱領）

　この定義からソーシャルワークは，様々な社会的理念や目標に基づく社会福祉実践の総称であること，そして，専門職という人を意味するものでもあり，学問という方法・活動を意味するものなどの様々な意味を含んだ複合的な用語であることが理解できます。

　図10-1は，この用語を概略的に捉えることを目的に体系化したものです。保育ソーシャルワークという用語は，この体系のどこに位置していて，何が該

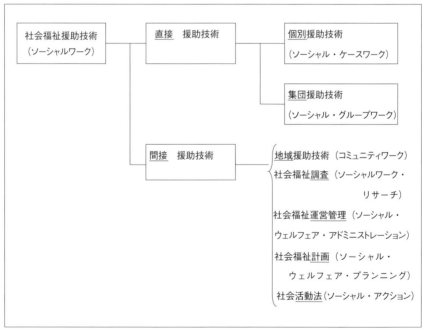

図10-1　ソーシャルワークの体系

当するかなどの説明は後述することにしますが，ここでは，ソーシャルワークが個人のみならず集団（グループ）や地域（コミュニティ）を対象にしてアプローチする技術でもあることを理解してください。なぜならば，後述する保育カウンセリングと保育ソーシャルワークの関係についての理解に役に立つからです。

(2) ソーシャルワークの概念

　図10-2 は，ソーシャルワークを方法論的観点から概念化した図です。佐藤(2011) は，この図の説明を「ソーシャルワークは人の生活や環境に焦点を当て，社会資源を活用するなどして，本人が課題解決できるよう援助する社会福祉分野の専門援助技術」と述べています。すなわちソーシャルワークは，その人が抱えている生活上の課題を個人の問題とせずに，環境との結びつきにおける課題として捉え，その中間で起きていることを問題とし，そこにアプローチする活動であることが理解できます。先述のソーシャルワークの定義や体系が複合的に説明されていた点も，問題の置き場所を個人に起因するのではなく生活課題と環境の間にあることを前提にしているからこそ，対象や方法が複数存在していることが理解できます。

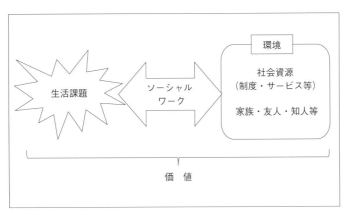

図10-2　方法論的観点から見たソーシャルワーク（佐藤，2011）

(3) 保育ソーシャルワークとは

　保育ソーシャルワークという言葉は，近年，保育領域の研究分野や保育士養成課程の中で頻繁に使われるようになってきた用語です。しかし，学術分野における定義については，確立されていないのが実情です。

　日本保育ソーシャルワーク学会・会長の伊藤 (2018) は，保育ソーシャルワークを保育所におけるソーシャルワークあるいは保育士によるソーシャルワークのみに意味づけする危険性を指摘しながら保育ソーシャルワークの定義を提案として，次のように説明しています。

> 保育ソーシャルワークとは，保育とソーシャルワークの学際的・統合的な概念として位置づけられ，子どもと保護者の幸福のトータルな保障をめざし，その専門的知識と技術をもって，保育施設や地域社会における特別な配慮を必要とする子どもと保護者（障がいや発達上の課題，外国にルーツをもつ子どもや家族，育児不安，不適切な養育，虐待や生活上の課題）に対して行われる支援である。
>
> （出典：伊藤，2018）

　本書では，この保育ソーシャルワークという用語を社会的子育てというキーワードで保育カウンセリングと融合させつつ説明している点，そして，それらの実践を人や場所を限定せずに広く説明したいことから，この定義を支持することにします。

　では，この定義に基づいた保育ソーシャルワークが対象とする個人や集団，場所には具体的にどのような実践があって，どのような違いがあるのでしょうか。鎮 (2019) は，保育ソーシャルワークが行われる場所を「①地域を基盤にしたソーシャルワーク」と「②保育所におけるソーシャルワーク」の2つの視点で例示しています。これを参考にエコマップを作成したものが図 10-3 ①，②です。

　①のケースは貧困の問題を抱える家庭のエコマップです。貧困問題は，当然ながら保育所あるいは保育者が支援できることに限界があります。なぜならば貧困問題は生活上の様々な問題が複合した結果の表れであるし，限定した場所（機関）だけの努力では対処的な改善はできても根本的な解決にはつながらないからです。よって，このようなケースでは，地域にある保育所を含めた支援機関が一体となって包括的に貧困家庭を支えていくことが必要です。このエコ

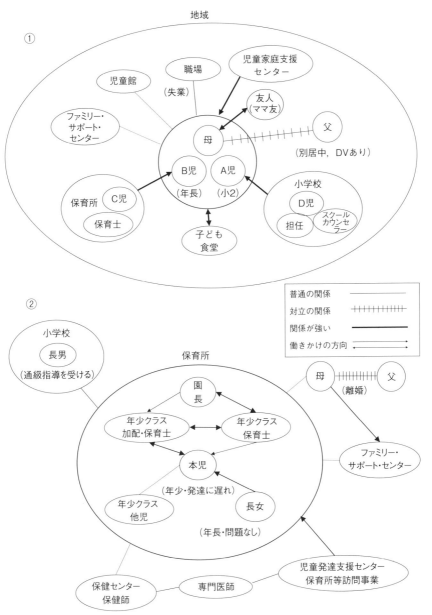

図10-3 ①地域を基盤にしたソーシャルワークと②保育所におけるソーシャルワーク

マップでは現状，児童家庭支援センター，保育所，小学校，子ども食堂，友人が強いつながりを持ちながら支援を行っていることが理解できます。反面，無料の子ども遊び場を提供する児童館や，安価で共助による子育ての代替支援を行うファミリー・サポート・センターとのつながりが希薄であることも理解できます。このように保育ソーシャルワークの視点で対象家庭をアセスメントすると，地域の社会資源を見渡すことによって，できている支援とできていない支援が明確となり，保育所だけでは対応できない問題を解決できる可能性があります。

　②のケースは発達に課題のある子どもに対する支援（関わり）を表したエコマップです。幼児期の子どもの発達上の課題の発見は，家庭の保護者をはじめ，その時期に関わる機関が中心となります。保護者が，そこに通う保育者と共通理解し共に協力していくことができれば問題はありませんが，グレーゾーンにある子どもの場合，親が気づいていなかったり，気づいていてもそれを認めようとしなかったり，子どもの支援に十分な手が届かないことが多くあります。このようなケースでは，保育所内で対象児を中心にして，できていること，できていないことなどを関係図で紐解き，そこに携わるキーマンは誰なのかをアセスメントする必要があります。そして，保育所は親だけでなく児童発達支援センター（保育所等訪問事業）などの協力を受けながら，将来的には就学を見据えながら保護者と専門機関との連携強化をしていく必要があるわけです。

　以上，2つのケースを概観すれば，保育ソーシャルワークは，定義（p. 110）で説明しているように，ケースつまりは対象となる親や子どもが生活・活動している場所や問題の複合度合いによって，その機能が大きく異なってくることが理解できます。この機能については後述しますが，ここでは機能の優先順位によって支援が変わってくること，例えば①のような家庭が抱える貧困問題を重視するのであれば実践される保育ソーシャルワークは地域を基盤として実践が行われることになり，②のように子ども個人の発達の課題を重視するのであれば，保育施設とそれに関連する専門機関が中心となって展開されていくことになるといった違いが理解できます。

2 保育ソーシャルワークの必要性

現代の子育て家庭あるいは保育分野において保育ソーシャルワークはなぜ必要となってきたのでしょうか。そこには，子どもと親を含む家族や地域社会そして子育てに関する制度の変化があるはずです。以下，社会情勢とともにその変化について説明し，ソーシャルワークの必要性について考えることにします。

(1) 子育て家庭を取り巻く社会の変化への対応

保育ニーズの高まりは高度経済成長期にあります。そして，その背景の一つに核家族化の進行が挙げられます。その理由は，三世代同居に象徴されるように，それまでの子育てが近隣，家族の共助によって家庭内で行われていたのに対して，核家族化によって妻への負担が集中したこと，さらに一部の世帯においては共稼ぎ世帯が出現してきたことなどがあるからです。しかし，この時代の保育は，ある意味，画一的な保育を行うことができていた良き時代でもありました。それは，この時代，一億総中流家庭という言葉にたとえられるように国民の多くで子育て観，生活スタイルなどの価値観が概ね同じであったからです。すなわち，この時代の保育には，ある意味，どの子どもも保護者も同じような家庭環境で過ごしていたため問題も少なく，保育ソーシャルワークという技術の必要性はほとんどなかったといってもよいでしょう。

一方，バブル期とグローバル化社会の実現期を経て日本社会は，個人主義の進行とともに格差社会へと変貌してきました。少子高齢社会に象徴されるように労働人口および社会保障費の財源確保などの社会的な課題は，女性の社会参加と相まって，圧倒的な共稼ぎ世帯の増加を招きました（図10-4）。同時に多様な働き方も推奨され近年では，非正規雇用労働者の増加が特徴づけられています（図10-5）。また，経済のグローバル化は労働力の多国籍化にも影響し，日本以外の他国にルーツを持つ人々が日本で子育てをするケースも増えてきています。このような社会環境の変化は，地域・家庭内での生活環境はもとより子育て環境にも大きな変化を与え，画一的な保育では対応できない多様な保育ニーズが存在するようになってきています。換言するならば，保育現場は，日々

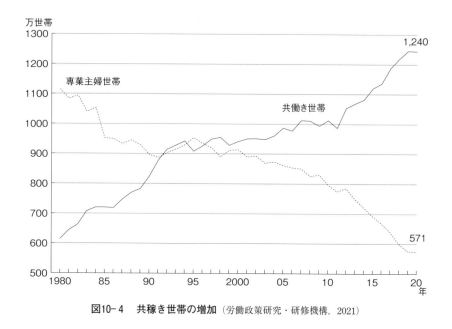

万世帯

図10-4　共稼き世帯の増加（労働政策研究・研修機構，2021）

の子どもの保育の実践と並行して，個々に異なる生活課題を持った子育て家庭に対して，専門機関と連携しながら，その家庭を支援する実践が求められる時代となったといえます。すなわち，この時代に求められる保育技術として保育ソーシャルワークがあるのです。

　ここまで社会情勢と保育ニーズの変化について，主に保育現場をイメージしながら説明してきました。しかし，保育ソーシャルワークは先述のとおり，個別の児童福祉施設においての専門技術だけではなく，地域の子育て支援を包括的に捉えようとする観点からも必要な技術であるといえます。

　コラム10（p. 178）では，近年，子育て関係者の間で流行した言葉の一つ"ネウボラ"を紹介しています。ネウボラのように日本でも出産から就学後まで一人の相談専門職と地域拠点により子育て家庭をサポートできれば良いのですが，残念ながら日本では子育て世代包括支援事業などの制度は整いつつも実践的には発展途上な状況です。しかし，保育所をはじめとして地域子育て支援拠点や母子保健，小学校などの子どもの育ちの段階に沿って必ず利用する施設の専門

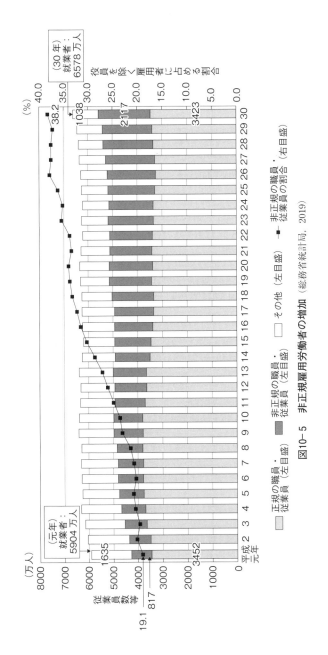

図10-5 非正規雇用労働者の増加 （総務省統計局, 2019）

職が，このソーシャルワークの必要性を認識し，技術を持てば連携可能となり，たとえネウボラ的な一人の専門職がいなくても子育て家庭の個別の課題に対して多くの専門職で支えることが可能となるはずです。

(2) 保育者の困り感

　保育現場では，近年，"気になる子ども"や"配慮が必要な子ども"という言葉をよく耳にするようになってきました。この言葉が指す子どもについて，私は図10-6のように分類しています。図の中で重なり合っている部分があるのは，保育現場において身体的に何らかの疾患や障害があったとしても専門的な診断が行われていなかったり，家庭環境や養育上の関わり方によっては発達に大きな差が出てしまうことあることなど，原因がはっきりとわからない部分を抱えながら保育実践している事例が少なからずあることを表しています。このあいまいさが保育者の困り感につながっていることが想定できます。

　また，近年の調査研究において，保育者は，図10-7のような気になる子どもに対して配慮を行い，さらに保護者との連携や支援において図10-8にあるような困り感を抱えていることが明らかとなっています。中でも多いのは「保護者が子どもの様子を理解していないと感じる」(72.4%)，「保護者に子どもの様子をいつどのように伝えたらよいか悩む」(70.1%)でした。これらは，保育者が行う実践における配慮事項の増加・多様化と，保育者が保護者支援の重要性を感じているものの，その手立てに悩んでいる実態を示しているとも理解できます。そして，この保護者支援において，もし保育カウンセリングという専門的な技術を有した保育者が保護者に伝えることができたとしたら，あるいは，それができない場合に外部の専門機関へつなげたり，連携したりできる保育ソーシャルワークの専門的な技術を有した保育者がいたならば，これら保育

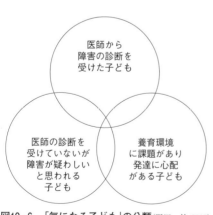

図10-6　「気になる子ども」の分類(野田・林, 2017)

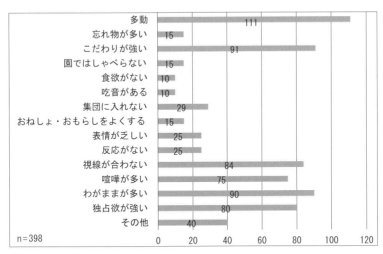

図10-7　幼児における配慮を要する事項（立花・波田埜，2017）

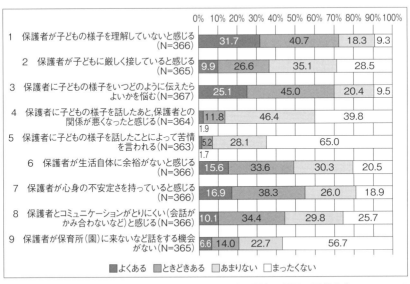

図10-8　発達障害傾向児の保護者支援における困難に関する項目の回答分布（木曽，2014）

者の困り感は減少するはずです。

(3) 地域における社会資源の充実へのニーズを受けて

社会情勢の変化と多様化する保育ニーズを受けて，国は，2004年の少子化社会対策大綱の中で「地域の実情に応じた子育て支援などのきめ細かな支援の推進」を，2009年改訂の保育所保育指針の中で「保護者支援」，「地域における子育て支援」を，そして2014年の子ども子育て支援法では「地域の実情に応じた子ども・子育て支援」を打ち出してきました。これに並行して2012年の児童福祉法改正では障害児通所支援において児童発達支援や保育所等訪問支援の強化が行われました。その結果，地域においては，就学前の地域拠点施設として子育てひろばや地域子育て支援施設が，就学後の放課後児童クラブや放課後等デイサービスが充実してきました。

これらの出来事は，子育て支援に関する制度環境が整ってきたと受け取ることができます。そして，このことは，ある意味，生活上の課題がある子どもや保護者に対して，多様な社会資源を調整・仲介できる保育ソーシャルワーク実践を行う環境が整備されつつあるとも理解できます。

3　保育カウンセリングと保育ソーシャルワークの関係性

保育カウンセリングと保育ソーシャルワークは，どちらも社会的子育ての実現に欠くことのできない技術です。では，この2つの専門技術の相違点はどこあって，保育・子育て支援現場において，どのような関係性をもって実践されるべきなのでしょうか。

まず，保育カウンセリングと保育ソーシャルワークをつなぐキーワードとして「相談援助」という言葉があります。「相談援助」を言い換えると「面接」「対面でのコミュニケーション」になるわけですが，これは，カウンセラーやソーシャルワーカーのみならず，様々な専門職が実践で用いている方法でもあります。佐藤（2011）は，専門職によって行う相談援助の違いを図10-9のように説明しています。

これらのことからわかることは，同じ相談援助という方法を用いる専門職で

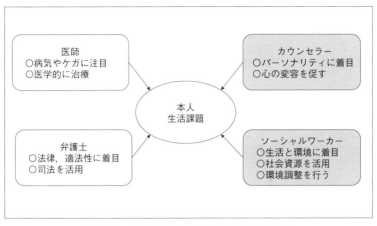

図10-9　専門職ごとの相談援助（佐藤，2011）

あったとしても援助の視点・目標によって，その場面での話題や方向性は大きく異なることが理解できます。参考までにいうと，ソーシャルワーカーの国家資格である社会福祉士養成科目では，カウンセラーすなわち臨床心理士や公認心理師養成科目で登場するロジャーズ（Rogers, C. R.）など相談援助に対する考え方や原則を同様に学んでおり，視点の違いはあるにしても両者が用いる考え方や技法は，かなり等しいこともうかがえます。

　次に，ソーシャルワークを機能として見ることにします。鎮（2019）は保育ソーシャルワークの機能を図10-10のように，利用者に直接的に働きかけるミクロ，既存の福祉系サービスをつなぐネットワークづくりや社会資源を開発するメゾ，自治体などに働きかけるマクロで分類しています。さらにこれに対応するソーシャルワークの主な方法をあてがうと，ミクロはソーシャル・ケースワークとソーシャル・グループワークに，メゾはコミュニティワークに，マクロは，ソーシャルウェルフェア・プランニングに概ね対応すると考えられます。そして，ここで着目すべきは，ミクロの機能の中にカウンセリングが含まれている点です。この点は前段の説明のとおり各々の養成科目でも同じ内容を扱っている点からも整合性が取れます。

　このことから保育ソーシャルワークと保育カウンセリングの関係性において説明するならば，保育カウンセリングは保育ソーシャルワークの一部を担って

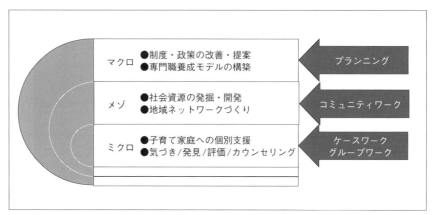

図10-10　保育ソーシャルワークの機能と分類（鎮，2019 に一部加筆）

いるものであり，具体的にはケースワーク，グループワークの部分が保育カウンセリングに相当すると考えられます。つまり，保育現場においてソーシャルワークとカウンセリング技術を持った専門職が同時に各々存在することを前提に想定するならば，両者の相互理解と，より機能的な協業に向けて，双方の技術を学ぶことは大いに意義があるといえます。　　　　　　　　　　（野田敦史）

●引用文献

独立行政法人労働政策研究・研修機構資料（2021）．図 12　専業主婦世帯と共働き世帯 1980〜2020 年　https : //www.jil.go.jp/kokunai/statistics/timeseries/pdf/g0212.pdf

伊藤良高（2018）．保育ソーシャルワークとは何か　日本保育ソーシャルワーク学会（監修）鶴　宏史・三好明夫・山本佳代子・柴田賢一（責任編集）保育ソーシャルワークの思想と理論　晃洋書房　pp. 1-17.

木曽陽子（2014）．保育における発達障害の傾向がある子どもとその保護者への支援の実態　社会問題研究，*63*，69-82.

公益社団法人日本社会福祉士会　社会福祉士の倫理綱領　2020 年 6 月 30 日採択

野田敦史・林　恵（編）（2017）．演習・保育と障害のある子ども　みらい

佐藤伸隆（2011）．保育と相談援助　前田敏雄（監修）　佐藤伸隆・中西遍彦（編）　演習・保育と相談援助　みらい　pp. 22-23.

鎮　朋子（2019）．ソーシャルワークの考え方　倉石哲也・伊藤嘉余子（監修）　倉石哲

也・鶴　宏史（編）　保育ソーシャルワーク　ミネルヴァ書房　pp. 2-24.

総務省統計局（2019）．統計トピック No119　統計が語る平成のあゆみ　労働・雇用の流動化　女性の活躍　図6　正規の職員・従業員，非正規の職員・従業員数及び役員を除く雇用者に占める非正規の職員・従業員の割合の推移（平成元年〜平成30年）
https：//www.stat.go.jp/data/topics/topi1192.html

立花直樹・波田埜英治（2017）．保育所・幼稚園における特別支援と特別な配慮が必要な児童と保護者への相談援助　聖和短期大学紀要，*3*，33-42.

第11章

災害発生時の危機介入

　保育ソーシャルワークや保育カウンセリングが必要になる場面の一つとして，危機的状況への介入が挙げられます。危機的状況には虐待，事故，災害など様々なものがあります。

　保育施設では，災害が発生した場合であっても，保護者の勤務継続を支えるため，また，復旧活動を行う保護者の子どもを預かるために，休園することなく保育を継続することが求められます。災害発生直後や復旧期には，自治体や近隣の幼稚園・保育所，ボランティア団体などと連携をとり，復旧に向けての準備を行います。また，被災した子どもの心のケアを目的として，ボランティア団体や自治体が中心となって子どもの居場所づくりが行われることがあります。地域の中でこうしたネットワークを構築し，活用する際には，保育ソーシャルワークの力が必要になります。また，個人に目を向けると，災害発生後には，普段と大きく異なる環境に適応できずに，心身の調子を崩してしまう子どもや保護者がいます。こうした場合には，保育カウンセリングが必要になります。本章では，自然災害発生時の状況を中心に，危機的状況における介入の流れや方法について述べていきます。

1　災害発生時における保育の場の課題

　保育者は，災害が発生した場合に，園に通う子どもや保護者，また，地域の親子を支援する支援者となります。災害発生時に保育の場に生じた状況につい

て，事例を通じて説明します。

事例：水害によって被災した認定こども園

　令和元年台風19号による河川の決壊により，川のそばにある園舎が1.5メートル浸水した。人的被害はなかったが，①園舎はすべて使用できなくなり，こども園は，別の場所に借りた仮園舎での保育を余儀なくされた。水害は局所的であり，近隣地域にはほとんど被害がなく，周辺地域で被災した保育施設はなかった。②保育者は，仮園舎という新しい環境での保育を行うことに加えて，被災した園舎の片づけをしたり，水害の後処理も行っていた。

　③保育者の疲労の蓄積を懸念した園長が，保育者に休暇を取るように勧めたが，「子どもたちの担任は自分しかいない」「他の人に代わってもらうことはできない」と休暇を取る者はいなかった。

　園に子どもを預けている保護者も，被災直後は園舎の片付けを手伝うなど，積極的に園の支援活動を行った。こうした中，④被災後しばらくして，一部の保護者から「もっと備えをしておくことはできなかったのか」，「どうして川沿いのこの土地に園舎を建てたのか」，「被災していない他の保育所や幼稚園では，例年通りの行事や保育を行っている。うちの園でも例年通りの保育や行事をしてほしい」と怒りや無理な要求があがった。保育者は，予想外の保護者の反応に傷つき，動揺しながらも，仮園舎での保育を継続した。

　この事例には，①これまでの生活の喪失，②復旧と業務継続による業務量の増大，③使命感に起因した休息の不足，④保護者からの怒りや要求への戸惑いなど，災害発生後によく見られる様々な問題が含まれています。こうした状況に直面した場合，保育者や，園の支援者はどのように対処していけばよいのでしょうか。本章では，災害という危機的状況に焦点を当て，子どもや保育現場における危機への介入について述べていきます。

2　災害とは

　災害は，地震や津波，洪水，豪雨等の自然災害（天災）と事故やテロ，事件

など（人災）に分けられます。また，新型コロナウイルス感染症や福島第一原子力発電所事故による放射能汚染のように，病原体や放射能を原因とした特殊災害と呼ばれるものもあります。災害が発生した場合には，家や財産を失うといった物理的な損失に加えて，人の心身の健康が失われる状況になります。

3　危機状態とは

　危機理論の創始者であるキャプラン（Caplan, G., 1951）は，「危機とは，人が大切な人生の目標に向かうとき，障害に直面し，それが習慣的な問題解決の方法を用いても克服できないときに生じる」と定義しています。つまり，危機とは，人にとって強いストレスを与える出来事が起きて，これまでのやり方ではその出来事に対処できなくなった状態のことを指すのです。危機状態に陥るきっかけには，進学や就職，結婚などのライフイベントや，虐待などの暴力的な出来事，離婚や死別などの喪失体験，地震・水害などの災害が挙げられます。大規模な災害や事故などが起こった場合には，個人だけでなく，社会や集団全体が危機状態に陥ります。

4　危機状態に見られる反応

　人は危機状態に陥ると，心身ともに様々な影響を受けます。しかし，多くの人は時間の経過とともに危機状態から脱して通常の心理状態に戻ります。危機からの脱却には，一定のパターンがあります。
　危機モデルの提唱者であるフィンク（Fink, S. L., 1967）は，人が危機状態に陥ると，衝撃，防御的退行，承認の段階を経て，適応していくと述べています。衝撃の段階では，強い不安や恐怖を感じ，パニック，無力状態を呈したり，混乱した状態になります。防御的退行の段階は，現実逃避，怒りや他者への非難によって，自分を守ろうとする時期です。承認の段階では，逃避しきれずに現実に目を向け始めます。現実に直面したことにより，不安や焦りを感じ始めるのもこの時期です。これらの段階を経て，現実に対処していこうと前向きになり，次第に危機的状態に適応するようになります。適応までに見られるパニッ

クや怒り，不安などの反応は，一見異常があるように見えるかもしれませんが，危機状態に陥った場合に誰にでも起こりうる反応です。

5　災害発生時に見られる反応

　災害は，多くの人にとって危機状態をもたらす衝撃的な出来事です。災害発生直後と，被災から1か月以降では，被災した人が示す反応が異なります。
　災害発生直後に大人にも子どもにも共通して見られる反応として，以下のことが挙げられます。

　　●身体面の反応
　　睡眠の問題（眠れない，悪夢，夜中に目が覚める）・食欲不振・頭痛・腹痛
　　●心理的な反応
　　悲しみや怒り，恐怖を感じる・不安・憂鬱な気分になる・いらいらする・落ち込みやすい・緊張が続く・興奮気味になる・落ち着きがなくなる
　　●認知面の反応
　　集中力がない・考えがまとまらない・突然災害発生時のことを思い出す・自分を責める

　被災から1か月ほど時間が経つと，悲しみや寂しさ，不安を感じることはあるものの，次第に現実に目を向けて，将来への見通しを立てようとします。多くの人が，自身の持つ回復力によって状況に適応していきますが，中には心理的な治療の対象となるトラウマや心的外傷後ストレス障害（Post Traumatic Stress Disorder：PTSD）（第9章参照）へと移行する人もいます。

6　災害発生時の危機介入の理解と流れ

(1) 危機介入とは
　危機状態は多くの場合，時間の経過とともに改善し，元の状態に回復します。

しかし，適切な危機介入や支援が行われなかった場合，問題が長期化したり，治療が必要になることがあります。危機介入は，危機状態に陥った個人や集団が，元のように問題を解決できる状態に戻るように支援する応急処置のことをいいます。

(2) 災害発生時の危機介入の方法

危機介入の方法として，近年注目されているのが，心理的応急処置（Psychological First Aid：PFA）です。PFA は，心理専門職だけでなく，誰にでも実践できる点，支援者が被災者を傷つけるリスクが低い点から，災害発生時において取り入れられています。

PFA の活動を行う前には，「準備」として，災害や危機的な出来事，現地の安全や現地で利用できるサービスについて，支援を開始する前に調べます。その後，「見る」「聞く」「つなぐ」の 3 つのステップで対象者に関わります。

見る：正確な情報収集を行い，支援を必要としている人のニーズを把握する。

聞く：支援を必要としている人に寄り添い，必要としていることや心配事について尋ねる。また，気持ちを傾聴して落ち着かせる。

つなぐ：支援のための情報を提供したり，公的なサービスにつなぐ。支援者がいなくても，被災者が自分自身の力で生活に必要な物や情報を得られるように環境を整える。

PFA には，子ども向けに作られた「子どものための PFA」があります。子どもの発達段階に合わせた支援に特化した内容になっています。セーブ・ザ・チルドレンのホームページから資料をダウンロードすることができます（https://www.savechildren.or.jp/lp/pfa/）。

7 災害発生時に子どもに見られる反応と対応時の配慮点

(1) 災害発生時に子どもに見られる反応

　大人は，被災の経験や不安な気持ちを人に話したり，自分なりのリラックス方法を持つなど，不安を解消するための手段を持っています。しかし，子どもは，発達の途中であり，災害のことを正しく理解したり，自分の気持ちを言語化して整理することができません。災害をどのように捉え，どのように反応するかは，発達の段階によって様々です。

① 0 〜 3 歳ごろ

　災害が起こっても，何が起こったのか理解できません。不機嫌になって泣いたり，親から離れようとしなくなり，保護者の姿が見えないと泣きながら探し回る「後追い」をしたりします。この時期の子どもの心理状態には，お母さんが不安だと，子どもも不安になるというように，保護者の心理状態が大きく影響します。子どもが安心するためには，養育者が落ち着いて子どもに関わる環境を整えることが最も大切です。

② 4 〜 6 歳ごろ

　この時期の子どもは，親や保育者の反応から何が起こったのかを推測しようとします。また，災害の体験や環境の変化を受けとめきれず，赤ちゃん返り，悪夢を見る，保護者にまとわりついて離れない，ボーっとするなどの行動が見られます。こうした行動に対しては，否定せずに受けとめながら関わります。

　幼児期の子どもの特徴として，「ぼくがお母さんのいうことを聞かなかったから，地震が起こったんだ」と，悪い出来事を自分のせいだと考えることがあります。こうした場合には，あなたのせいではないと伝えて子どもが正しい認識を持てるように促します。

③ 6 〜12歳ごろ

　落ち込み，元気がなくなる子どももいれば，反対に，過覚醒の状態になり，過剰に元気になり，はしゃぐ様子を見せる子どももいます。また，災害のことについて，繰り返し話そうとしたり，地震ごっこなど，災害を再現する遊び（疑似体験遊び）を行うことがあります。

④中学生以上

大人と同じように，何が起こったのかを理解することができるようになります。一方で，親や先生に反抗的になり，友人など，同世代の仲間を頼るようになります。また，思春期には，飲酒や喫煙，性的逸脱行動など衝動的な行動をすることがあり，注意が必要です。

(2) 災害発生後に子どもに関わる際の配慮点
①周囲の大人やメディアからの影響を考慮する

子どもは，周囲の大人や環境に影響を受けやすく，大人の不安が子どもに影響します。災害発生時に子どもを支援する大人は，自分自身が必要以上に不安にならないように心がける必要があります。

また，メディアの影響も看過できません。テレビやインターネットのニュースでは，録画された災害発生時の映像が繰り返し流れます。認知の発達途中にある子どもは，映像で見たものを現実のことと捉え，録画した津波の映像を見た子どもが，今津波が起こっているんだと思ったり，身近にも同じような災害が起きると思って不安が高まることがあります。これを防ぐために，子どもが何度も災害の映像を見ることのないように配慮します。

②疑似体験遊びへの対応

地震ごっこなどの疑似体験遊びは，子どもなりに災害の恐怖や不安を表現するための手段です。こうした遊びを目にした場合には，子どもが災害に対処しようとしているんだと捉えて，見守ります。支援者と一緒に遊んでいる中で地震ごっこなどの遊びをしている場合には，「洪水が起きたけど，安全なところに避難したから，もう大丈夫」と，良い結果になるように導きます。ただし，地震ごっこばかりしていて他の遊びをしないような場合には，不安に対処しきれていない状態であるため，心理専門職に相談します。

③がんばりすぎる子どもへの対応

子どもたちの中には，周りの大人に心配をかけまいと気丈に振る舞ったり，避難所で積極的に大人の手伝いをしたりする子どもがいます。一見，しっかりしている，頼もしいと捉えられがちですが，そうではなく，がんばりすぎの状態です。阪神・淡路大震災発生時，こうした反応を見せていた子どもには，被

災後早期から不眠などの問題が表れていました（岡田，2007）。悲しみを感じる時間や子どもらしく振る舞うことのできる場所が必要です。

④遊びの重要性

災害発生時には，生活することや復旧活動が優先され，遊びは後回しになります。また，被災したことにより落ち込んだり，疲れている人が生活する避難所では，遊びなんて不謹慎だという人もいて，子どもたちは静かに過ごさなければならない状況が続きます。しかし，子どもにとっての遊びは，健康に生きるために不可欠な心の栄養です。東日本大震災の際，子どもが遊ぶ場がなかったために，子どもたちに不眠や自傷など様々なストレス反応が見られ，問題となりました。この経験から，遊びの重要性が認識されるようになり 2016 年 7 月に内閣府より示された避難所ガイドラインでは，避難所等に子どもの遊びや学習のためのキッズスペースの設置をすることが推奨されています（内閣府中央防災会議，2016）。

8 災害発生時に設置されるキッズスペース

キッズスペースは，小学校の先生，ボランティア，自治体，NGO，地域住民などが主体となって，各地で設置されています。「子どもにやさしい空間（Child Friendly Space : CFS）」や「（災害時の）子どもの居場所」と呼ばれる場合もあります。表 11-1 に，2018 年 7 月 6 日に発生した，西日本豪雨発生時に設置された 2 つのキッズスペースの事例を挙げます。「自由あそびのひろば」は，被災した子どもや保護者に楽しい時間を過ごしてほしいという地域住民の思いから，開設されました。そのため，行事をたくさん実施していたり，保護者向けの企画も行われていました。一方，「子どもの居場所（チュッピー広場）」は，子どもたちの日常生活を取り戻すことを重視して，ままごとや鬼ごっこ，虫取り，宿題など，日常に近い遊びを取り入れました。実施している内容は異なりますが，どちらの場合も，災害発生後の子どもの心理的な安定には遊びが欠かせないことを考慮して実施されています。

表11-1　西日本豪雨発生時に設置されたキッズスペースの概要

事業名	自由あそびのひろば (岡山市)	子どもの居場所（チュッピー広場） (岡山県倉敷市・総社市)
実施期間	2018 年 7 月 20 日〜8 月 25 日	2018 年 7 月 18 日〜8 月 31 日
設置主体	助けあうお母さんの会 (岡山市内の地域住民)	岡山県，岡山県立大学他， 複数の NPO,NGO 団体が協力
利用対象	乳児〜小学生とその保護者	乳児〜小学生
実施場所	江尻レストパーク (市内の運動公園)	岡山県立大学 (大学内の乳幼児向け遊戯室)
実施目的	●安心・安全な居場所提供 ●被災後の片づけ等を行う保護者の支援 (子どもの預かり) ●保護者がリラックスできる場所の提供	●安心・安全な居場所提供 ●被災後の片づけ等を行う保護者の支援 (子どもの預かり)
実施内容	●安全な遊び場，玩具の提供 ●学習の支援 ●子どもの預かり ●プール，夏祭り等行事の実施 ●マッサージ，フラワーアレンジメント教室（保護者対象）	●安全な遊び場，玩具の提供 ●学習の支援 ●活動内容（どんな遊びをするか）は毎日子どもと相談して決める
特徴	夏祭りやコンサートなど多くの行事を実施した。保護者向けの行事も実施した。	子どもたちに普段通りの生活をしてほしい，との思いから設置された。行事を極力少なくし，学習や遊びができる環境作りに徹した。

9　支援者への支援の必要性

(1) 支援者への支援とは

　災害発生時，被災した人に支援を行う立場の人（支援者）は，災害発生時，混乱した状況の中で負担の大きい業務を行います。支援者が疲弊して，期待される業務を十分に行うことができなくなったり，バーンアウトすることを避けるためには，支援者自身を支援することが必要になります。

　高橋（2018）は，災害支援者支援の大原則として，「正確な情報の収集」，「適切な休養」，「早期の問題認識」，「適切な援助希求」を挙げています。被害の程度についての正確な情報を得ることに加えて，支援者一人ひとりの心身の状態

について同僚同士で把握することも，情報収集の一環です。また，支援者は，支援に入るまでに災害発生時に生じやすい心理的問題についての知識を得ておき，自身の身に問題が起こった場合には，早期に問題に気づき，適切な援助を求めることが重要です。さらに，支援者の同僚同士が互いに普段と変わった様子はないか，気にかけることによって，支援者の異変に早期に気づくことができます。

(2) 保育の場における支援者支援
①災害発生時に保育職にかかる負担
　保育者は，被災した子どもや保護者の支援にあたる職種です。特に保育所や認定こども園では，利用する保護者が仕事をしていたり，復旧作業をするための保育を求められることから，保育の早期再開を求められます。自身が被災していたとしても，災害発生直後から，通常の業務の継続に加えて，復旧作業や子どもや保護者の支援を行わなければなりません。災害が発生すると，多くの職場では混乱やめまぐるしい変化が起こり，それに対応すること自体が心身にとって大きな負担になります（図11-1）。

　また，支援の対象である子どもには，災害が起こったことにより様々なストレス反応が起こります。そうした子どもへの対応には，配慮が必要です。さらに，章冒頭に示した事例のように，災害発生後，保育所や幼稚園の対応について，保護者の怒りの矢面に立つことがあります。

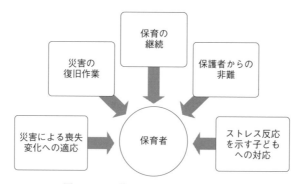

図11-1　発災後に保育者にかかる負担

このように，仕事として支援を行う職業の人には，一般の被災者以上にPTSDのリスクが高く，長期にわたって心身の不調が続く可能性があります（松本・高橋，2018）。保育者自身が，災害発生時に起こる反応を知ることと，必要時に専門職から支援を得られる体制を作ることによって，災害へ対処していく必要があります。

②保育者自身ができる対処

まずは，保育者など，災害後の子どもや保護者の支援に関わる人自身が災害後に大人や子どもに起こりうる反応についての知識を身につけることが重要です。また，災害が起こった場合には，先述の，「災害支援者支援の大原則」に沿って行動します。特に配慮が必要なのが，休養の重要性について保育者自身が認識しておくことです。保育者の仕事は，平常時から，子どもの命を預かる責任の重い仕事です。また，保育者は，担当する子どもや自分の担う業務を他の人に任せることができないという強い使命感を持っています。被災時には，より一層その思いが強くなり，休もうとしない保育者がいます。しかし，災害への対応は長期にわたるものであり，意識的に休養を取らなければ業務を続けられなくなります。さらに，日々の保育の後に，保育者同士で自然に話をすることがあるでしょう。その中で，感情を吐露したり，情報交換をする機会があれば，メンタルヘルスの維持に有効です。

③外部からの支援者の受け入れ

災害発生後，保育施設に心理専門職が支援に入ることがあります。例えば，幼稚園や小学校には，スクールカウンセラーが派遣され，子どもや教師への心理的支援が行われます。しかし，保育の場ではそうした支援体制は十分に整っているとはいえない状況です。保育所の管理者は日ごろから地域の保健所とつながりを持ち，災害発生時には子ども・保護者・職員のメンタルヘルスについて気にかけたり，DPAT（後述）に支援を求めるなど，職員の支援体制を作るように努めます。

カウンセラーやソーシャルワーカーなど外部からの支援者が保育の場に関わる場合に気にかける必要があるのが，園長や主任などの保育施設の管理者です。

管理者は，責任感から休まずに勤務をしようとしますが，休養を取らずに働き続けると，心身ともに破綻をきたします。休もうとしない状況になりやすい管理者に，休養を取るよう働きかけることは，外部の支援者の重要な役割の一つです。

10　災害発生時の心のケアを担う組織

災害発生時に，医療を提供するチームとして，災害派遣医療チーム（Disaster Medical Assistance Team：DMAT）があります。DMATが傷病者の対応を行うのに対して，緊急時にメンタル面のケアを担当するのが，災害派遣精神医療チーム（Disaster Psychiatric Assistance Team：DPAT）です。DPATは，精神科医師，看護師を含むチームで被災地域の人々の心のケアにあたります。DPATは，発災直後から被災地で活動を行い，その後は地域の保健所や精神保健福祉センターに支援をつなぐ活動も行っています。災害後に発生する心理的な問題への対応の専門職であるため，様子が気になる子どもや被災者への対応方法について相談することができます。　　　　　　　　　　　　　　　　　　　（西村実穂）

●引用文献

Caplan, G.（1951）. A public-health approach to child psychiatry: An introductory account of an experiment. *Mental Health, 35*（2）, 235-249.

Fink, S. L.（1967）. Crisis and motivation : A theoretical model. *Archives of Physical Medicine & Rehabilitation, 48*（11）, 592-597.

松本和紀・高橋葉子（2016）．職域での支援　酒井明夫・丹羽真一・松岡洋夫（監修）　災害時のメンタルヘルス　医学書院　pp. 128-132.

内閣府防災会議（2016）．避難所運営ガイドライン　http://www.bousai.go.jp/taisaku/hinanjo/pdf/1605hinanjo_guideline.pdf

岡田和美（2007）．被災者への看護ケア　南　裕子・山本あい子（編）　災害看護学習テキスト　日本看護協会出版会　pp. 147-153.

高橋祥友（2018）．災害支援者支援のメンタルヘルスの原則　高橋　晶（編）　災害支援者支援　日本評論社　pp. 39-48.

第12章

支援者に必要な法律的知識と
社会制度

本章では，カウンセラーやソーシャルワーカーが保育現場で関わる主な支援対象者である保護者と子どもを守る法律や支援制度について取り上げていきます。

1 法律的知識と社会制度

親が子育てに関わるプロセスには，母親の妊娠，出産，そして育児という一連の流れがあります。この妊娠，出産，育児というプロセスには，私たちが想定していない出来事も待ち受けています。想定していない出来事とは，楽しい出来事もあるでしょうし，葛藤が生じる出来事もあるでしょう。この章では，様々な出来事を想定して，私たちを守ってくれる法律や制度について考えてみます。

表12-1の法律や制度は，カウンセラーやソーシャルワーカーが保育現場や子育て支援の現場で活用できる内容をまとめました。すべてを網羅していませんが，参考にしていただければと思います。実際に子育てを行う上でどのように表12-1の内容を活用できるか，架空事例である「田中さん」の生活を通して考えてみましょう。

表12-1 妊娠，出産，育児に関連する主な制度や法律

分類	関連法律や制度	関連制度や定義
妊娠・産後・育児	男女雇用機会均等法	【母性健康管理措置】 （母性健康管理指導事項連絡カード） ・12条：勤務時間中でも有給休暇とは別に健診を受けに行きます。 ・13条関係：通勤ラッシュを避けるため，朝夕，時差出勤できる（医師の診断のもと） ・13条関係：身体に負担のない業務に変えてもらいました。
	労働基準法	【母性保護措置】 ・65条：産前・産後休業を取得　・66条：時間外労働，休日労働，深夜業の制限　・67条：育児時間
	育児・介護休業法	【育児休業制度（育児・介護休業法5条関係）】 ・23条：育児短時間勤務　・16条：所定外労働の制限　・16条の2，3：子の看護休暇 ・17条：時間外労働の制限・19条：深夜業の制限，介護休業，介護休暇，パパ休暇（出産後8週間以内に取得した場合の再取得の特例），パパ・ママ育休プラス
	健康保険法	・出産手当金　・出産育児一時金・健康保険料の免除
	母子保健法の一部を改正する法律	・乳幼児家庭全戸訪問事業　・子育て援助活動支援事業　・一時預かり事業　・地域子育て支援拠点事業 ・利用者支援事業
	児童手当法	・児童手当
	雇用保険法	・育児休業給付金　・雇用保険料の免除
特定妊婦	児童福祉法	特定妊婦の定義：「出産後の養育について出産前において支援を行うことが特に必要と認められている妊婦」（児童福祉法第6条の3第5項及び第8項） ・子育て短期支援事業（ショートステイ事業・トワイライトスティ事業）・養育支援訪問事業 ・母子生活支援施設（児童福祉法第38条）
要支援児童	児童福祉法	要支援児童の定義：「保護者を支援することが必要だと判断された児童」（児童福祉法第6条の3第5項及び第8項） ・保育所で要支援児童等と判断した場合は，市町村に相談し，情報提供を行う。
要保護児童	児童福祉法	要保護児童の定義：「保護者がいない，または養育できないと判断された児童」（児童福祉法第6条の3第5項及び第8項） ・要保護児童対策地域協議会の開催　・保育所等からの情報提供
障害児	障害者自立支援法	・児童デイサービス
	障害者総合支援法	・居宅介護　・同行援護　・行動援護　・重度障害等包括支援

表12-1　妊娠，出産，育児に関連する主な制度や法律（つづき）

障害児	児童福祉法	・各種通所施設　・入所支援　・児童発達支援（児童発達支援センター）・児童発達支援事業 ・保育所等訪問支援　・放課後等デイサービス　・障害福祉計画における障害児支援
里親	児童福祉法	・27条：里親制度の定義　・6条の3第8項小規模住居型児童養育事業（ファミリーホーム） ・養育里親，養子縁組里親，親族里親，専門里親
離婚	民法	・協議離婚，調停離婚，裁判離婚　・親権者の決定　・養育費の決定，面会交流の決定 ・財産分与，婚姻費用，不貞慰謝料
母子家庭・父子家庭	母子及び寡婦福祉法	・母子福祉資金の貸し付け　・日常生活支援事業　・自立支援給付金
	児童扶養手当法	・児童扶養手当
	母子家庭の母及び父子家庭の父の就業の支援に関する特別措置法	・母子家庭等就労支援事業 ・母子家庭自立支援給付金 ・母子・父子家庭高等職業訓練促進給付金等事業

2　事例を通して

　田中さん（仮名）は，関東に在住しています。夫のカズオさん（仮名）は北海道出身，田中さんは関西出身です。田中さんはデパートで20年間勤務しています。カズオさんは，転職を繰り返しながら，飲食店で勤務して，44歳で念願の自分のお店を持つことができました。田中さんは38歳のとき，知り合いの紹介で夫のカズオさんと出会いました。カズオさんはとてもまじめな性格で，2人とも趣味が写真を撮ることであったため，意気投合して話が弾みました。1年の付き合いを経て，田中さんが39歳，カズオさんが46歳のときに結婚しました。

〈不妊治療への支援〉

　すぐに子どもが欲しかったのですが，なかなか子どもには恵まれませんでした。そこで2人は不妊治療を開始しました。不妊治療は予想通りお金がかかりました。しかし特定治療支援事業により助成を申請したところ，不妊治療費として1回につき30万の助成を受けることができました。お金の目途ができたの

で，田中さんは安心して妊活に取り組むことができました。3回目の不妊治療後，念願がかない妊娠することができました。

〈妊婦を守る制度や法律の活用〉

　待ちに待っていた妊婦生活でしたが，妊娠発覚後から田中さんは，つわりがひどく，一日中寝込む日が続きました。特に満員電車での通勤は立ち眩みがし，動悸が激しくなりました。母子健康手帳を交付してもらうために保健センターに行ったのですが，顔色が悪く，保健師さんも田中さんの様子を見て心配になっていました。

　さらにデパートでの勤務は，ほぼ一日中立ち仕事で，お腹が張り，足のむくみや吐き気，頭痛がひどくなりました。このままではいつ倒れてもおかしくないと思い，会社の産業医に相談したところ，労働基準法の母性健康管理措置により，医師の診断のもと，時差出勤をすることが可能であると教えてもらいました。

〈特定妊婦を守る制度や法律の活用〉

　田中さんは母性健康管理措置制度を活用して勤務を続けていましたが，体調不良が数か月にわたり続く中で，気分も落ち込みがちとなり，何かにつけて涙が止まらなくなりました。田中さんの様子を心配し，カズオさんは退職して家でゆっくりと過ごすことを提案しました。共働きから専業主婦になることで経済的な心配がありましたが，母子の体調優先が第一だというカズオさんの温かい言葉により退職を決意しました。会社の社労士さんから「特定理由離職者」として，失業給付金の受給を最長3年間（受給期間も含めると4年間）延長する特例を受けられることを教えてもらいました。

　田中さんは自宅で過ごすことで，体調が安定し，精神的にも安定した日々を過ごせることとなりました。しかし，ある日誰もが予想していなかった自然災害が訪れ，夫の店はその被害に直面しました。やっと貯めたお金を足掛かりに借金をして自分の店を始めたばかりであり，借金返済のめどすらつかない状況で，倒産を余儀なくされました。優しくまじめだったカズオさんですが，経済的に困窮するにつれて，精神的に不安定になってきました。カズオさんはお酒の量が増え，家でも物などに八つ当たりをすることが増えてきました。その様子を見ると，田中さんも不安になり，今後の生活の心配から夜眠れなくなり，

抑うつ感が増していきました。

〈特定妊婦〉

　田中さんは妊娠 8 か月に入ってきました。産婦人科での妊婦健診の際，田中さんの表情の暗さに看護師が気づき，声をかけました。田中さんは，何から話してよいのかわからず，涙だけが流れてきました。看護師さんは，田中さんに何か困ったことがあったら，いつでも相談に来てよいことや保健センター，子育て支援センターの情報も伝えました。病院内では「安心母と子の委員会」で田中さんを見守っていくこととしました。またカズオさんの状況から出産後のリスクが高いと判断し，田中さんを「特定妊婦」として保健センターに報告し，要保護児童対策委員会で見守ってもらうことにしました。保健センターの保健師さんが家庭訪問を行い，田中さんの話をじっくり聞き，田中さんの不安を和らげてあげました。田中さんは保健師さんに支えられながら，無事に出産できました。赤ちゃんは，まるまるして健康的な男の子でした。まるみのある人間に育ってほしいという願いを込めて「マル」と名づけました。カズオさんもとても喜んでくれました。

　入院中は親子ともに穏やかだったのですが，マル君を家に連れて帰ったとたん，大きな不安が田中さんに押し寄せてきました。「私に育てることができるのかしら」「私みたいな大人にならないかしら」「ちゃんと母乳が出るかしら」と不安になり，涙が止まらず，何もやる気が起きなくなりました。田中さんは，マル君が泣いていても世話をする気力が出ず，部屋中赤ちゃんの泣き声がひびきわたっています。カズオさんも，マル君の泣き声で精神的に落ち着かなくなり，泣き声を聞くたびに，「うるさい。どうにかしろ」といって田中さんを怒鳴るようになりました。

　乳幼児家庭全戸訪問の助産師さんも田中さんの様子を心配しました。助産師さんと保健師さんは，子育て支援センターへの相談を勧めました。子育て支援センターの相談員さんからの助言で，養育支援訪問を受けることとなり，週に数時間，育児や家事を手伝ってもらうことにしました。

　田中さんは，自身も心療内科に通うこととしました。田中さんはまじめで，何でも一生懸命頑張る性格でした。ママ友の Facebook を見ると，おしゃれな姿で赤ちゃんを抱っこしてにこやかにしている写真や，手作りの離乳食やデコ

弁の様子がアップされていたりして，なんだか同じ子育てでも田中さんの生活とはかけ離れているように思えてなりませんでした。Facebook を見ると，ダメな自分を再認識してしまいます。いつもにこやかな母親でありたいのに……。マル君の睡眠はとても浅く，物音ですぐに目が覚めてしまい，大泣きしてしまいます。田中さんはそのたびに夜中起きて，ミルクを飲ませたり，寝かせるために，赤ちゃんを抱っこしながら1時間も揺らしてあげたりを繰り返していました。そのうち，田中さんも寝られなくなり睡眠障害の症状が出てきました。田中さんは，さらに気分の落ち込みが激しくなりました。そこで，心療内科の先生や保健師さんの勧めもあり，子育て短期支援事業のショートステイ（養育が一時的に困難になったときに原則7日間まで子どもを預けることができる）を利用することとしました。また，心療内科の先生に診断書を書いてもらい，「疾病・障害」を理由としてマル君を保育所に預けながら子育てを行うこととしました。

〈要保護児童への支援〉

　保育所を利用することで，田中さんは順調に回復していきました。たまに不安定になることもありましたが，マル君は元気に大きくなっていきました。マル君は1歳過ぎると歩き始め，家の中のものをすべてぐちゃぐちゃにして遊び回ります。遊びを止めると大泣きします。ごはんもじっくりと食べずに立ち上がって動き回るばかりです。食べさせようと椅子に座らせると大泣きします。泣き声が他の子と比べても大きく，そして一度泣いたらなかなか止まりません。一日に何度も泣き，そのたびにカズオさんが怒鳴ります。マル君の泣き声とカズオさんの怒鳴り声は近所にも響き渡りました。地域の方が，心配して子育て支援センターに虐待通報を行いました。子育て支援センターの職員が，現認（直接子どもを見て安否を確認する）のために家庭訪問してくれ，田中さんのつらさをじっくりと聞きました。そして地域で田中さん親子を支えていくために，再度要保護児童対策地域協議会を開き，それぞれの立場からどのような支援ができるかを確認していきました。田中さんも少しずつ育児のペースがつかめるようになってきました。

〈マル君の障害への支援〉

　マル君は2歳になり，少しずつ田中さんの話していることが理解できるよう

になりました。保育所にも慣れており，毎日楽しく保育所に通っています。田中さんも保育者と話すことが楽しみで，親子ともに保育所に支えてもらいながら過ごしていました。一方で，マル君の担当の保育者は，マル君の言葉が遅いことが気になっていました。他のお友達が2語文，3語文話す中で，マル君はまだ単語しか出ていないのでした。そのため，子ども同士のけんかでお友達から「ダメだよ」と言われると，すぐに相手に噛みついてしまいます。またお散歩の際にすぐに道に飛び出そうとしてしまったり，偏食も多く，食事の時間は大泣きしたりと気になる行動が目につきました。昼寝のときは，なかなか眠りに入ることができず，暗い部屋の中を走り回ってしまいます。

　保育者は，田中さんにマル君の園での様子を伝えて，保育所等訪問支援で心理の先生に保育の様子を行動観察してもらい，保育の中で工夫できることを考えていきたいと伝えました。田中さんも了解してくれたので，担当の保育者は巡回の発達相談を受けました。行動観察の結果，マル君は，発達に偏りが見られると指摘され，週1回通う児童発達支援センターへの通級を紹介されました。田中さんもアドバイスを受け入れ，児童発達支援センターに週1回通うことにしました。

〈マル君の就学に向けて〉

　マル君は，4歳のときに，自閉スペクトラム症と診断されました。保育所では，マル君のために，加配の職員をつけることとしました。マル君が年長になったとき，田中さんは小学校をどうするか悩み始めました。そこで，教育センターの就学支援相談を受けました。就学支援検討委員会の審議に先立って，マル君の保育所での様子を相談員が見に来てくれました。その後，教育センターで知能検査を受けたり，小集団での行動観察を受けたりしました。そして，田中さんの希望を勘案して総合的な所見を作成してもらい，就学支援検討委員会でマル君の就学先について諮られました。就学支援検討委員会での審議の結果，マル君は通常の学級に通い，週1回通級へ通うこととしました。また放課後は，安心してマル君のペースで過ごせるように，放課後等デイサービスを週2回，学童保育を週3回利用することとしました。

〈DV 被害への支援〉

　マル君は，入学後，新しい環境に慣れないこともあり不安定になっていまし

た。友達との話にもついていけず，すぐに教室を飛び出してしまっていました。学校に「行きたくない」という日が増えてきました。マル君が学校に行かないといったり，通級に通うときは田中さんが付き添わないといけない状況でした。田中さんはマル君が年長のころからパートの仕事を始めていました。しかしマル君の小学校での様子から，仕事と育児と家事の両立が難しく思えるようになりました。カズオさんに，もっと家事に関わるようにと頼みました。カズオさんは，マル君が就学したと同時に新しい会社に就職ができたのですが，上司や同僚とうまくいかず，かつ会社も出来高制ということでかなりプレッシャーを感じていたようです。カズオさん自身も職場環境への不適応があり，お酒の量が増え，田中さんの発言に対して，声や手を荒げることが増えてきました。ある日，お酒に酔ったカズオさんは田中さんに立て続けに暴言を吐き，近寄ってきました。カズオさんの様子に田中さんは怖くてたまらなくなりました。マル君もカズオさんの様子を怖がり大泣きです。

　昔からお世話になっていた子育て支援センターの相談員の方に状況を説明したところ，カズオさんの行為は「ドメスティックバイオレンス（DV）」にあたること。そして，ドメスティックバイオレンスを子どもの前で行った場合は，心理的虐待にあたることを教えてもらいました。そしてどうしても危険を感じた場合は，シェルターや母子生活支援センターという施設があることも教えてもらいました。

〈離婚を決意する〉
　田中さんは，現在の状況はマル君に良くないと考え，離婚を考えるようになりました。カズオさんは離婚には不賛成でしたので，田中さんはカズオさんの仕事と精神的状況が落ち着くまで，アパートを借りて別に生活することとしました。田中さんのパートの収入だけでは生活が難しかったので，カズオさんに婚姻費用を請求することとしました。婚姻費用の相談は，法テラスの弁護士さんにお願いしました。弁護士さんは，親身になって相談にのってくれました。離婚を考えるにあたり，養育費の検討や面会交流の頻度，親権についてなどをカズオさんときちんと話し合い，公正証書として記録しておくことが重要であると教えてくれました。また離婚には，協議離婚，調停離婚，裁判離婚の3種類があると説明してくれました。カズオさん自身の仕事がうまくいっていない

ことから，婚姻費用は難しいと思われました。そこで，母子家庭となり，支援制度を利用しながら，生活を立て直していくことがカズオさんにとっても田中さんにとっても，そしてマル君にとっても良い選択なのではないかという結論に至りました。田中さんもカズオさんも納得しましたので，離婚の形式も協議離婚を選択しました。そして離婚の手続きの際は，教えてもらったとおりに公正証書を作成し，公正役場で保管してもらうこととしました。無事に離婚も成立し，田中さんは母子家庭として子育てに励むこととなりました。

コラム❺

離婚した保護者への対応

　在園児の親が離婚している場合には注意が必要な場面があります。離婚した元夫婦の間には，離婚時の話し合い（＝離婚協議）によって取り決めがなされていることがあります。これらの取り決めには様々なものがありますが，このうち保育園との関わりが大きいのは，子を引き取らなかった親が子と会うことについての取り決めでしょう。子を引き取らなかった親が親権や監護権のない子と会うことを「面会交流」といいます。この面会交流の取り決めについて，実際の離婚協議書によく使用される実例を見ていただきましょう。子を引き取らなかった親を「甲」，子を引き取った親を「乙」，子を「丙」としています。

（面会交流）
第1条　乙は，甲に対し，月1回程度，その他丙が希望した場合にはその都度，乙の居住地域において，丙と面会交流をすることを認める。
　　2　面会交流には，甲と乙とでの協議の上，甲乙ともに丙の福祉を害することがないように配慮して，面会交流の日時，場所，方法を協議の上決定しなければならず，甲は，乙に予約することなしに，丙と面会交流してはならない。
　　3　面会交流においては，乙が保護者として同席すること，及び弁護士その他の第三者を交えることとし，第三者の同席に費用が必要な場合は，甲が負担する。
　　⑵　面会交流は，不特定多数の人の往来のある場所で行うこと。

第1条1項2項は，一般的な面会交流の取り決めです。1項のように，子を引き取らなかった親が子と会うことについて，頻度，場所が決められていることがあります。また2項のような取り決めがあると，子を引き取らなかった親は子を引き取った親の了解を得なければ，子と会うことはできません。3項はDV，虐待傾向があったケースですが，このような取り決めもあります。

　子を引き取らなかった親がお迎えに来たり，保育参加，保育園の行事への参加を申し出てきた場合には慎重に判断しましょう。離婚したとはいえ，子にとっては親であることには変わらないとして，気軽に受け入れてしまうことは禁物です。大きなトラブルとなるかもしれません。子との関わり方について，元夫婦間でどのような取り決めがされているかは確認しましょう。もし，元夫婦間で取り決めがされていない，または取り決めがあいまいな場合は，保育園と元夫婦の間で取り決めをすることをお勧めします。

（藤後淳一）

〈母子家庭への支援〉

　いざ母子での生活が始まると，田中さんは経済的にやっていけるのか心配になりました。そこで，市役所の窓口に相談に行きました。相談員の方は，田中さんが利用できる手当や制度を丁寧に教えてくれました。マル君は，今までどおり児童手当（月1万）をもらえます。加えて，児童扶養手当（1万〜4万）がもらえます。児童扶養手当が認定されると，自治体にもよりますが，水道の基本料金免除，都営地下鉄や都営バスの運賃無料などの支援制度があります。東京都に住んでいる場合，これらに加えて子ども一人につき1万3500円の児童育成手当がもらえます。またひとり親家庭医療費助成制度があり，住民税課税世帯は子どもと親の医療費が1割負担で済みます。就学後の就学援助制度では，給食費や修学旅行費などがすべて無料となります。またマル君は発達障害があるので，自立支援医療費も適応できます。

〈里親への支援〉

　田中さんは，マル君のためにより条件が良い職場への再就職を検討しました。そこで，母子家庭就労支援事業の相談員の方にまずは相談しました。履歴書の書き方や面接スーツの無料レンタル（横浜市の事例）まであることを知り安心

しました。相談員からは，自立支援教育訓練給付金事業を利用して，資格を取ることを勧められました。田中さんは今まで子どもがお世話になった保育所に関わりたいと思い，保育士の講座を受講することとしました。田中さんは必死に勉強しました。そして努力が実り保育士試験に合格し，保育所での勤務がスタートしました。田中さんの人望は厚く，みんなから大変信頼されていました。毎日一生懸命仕事と子育てを行う姿を見て，保育者のタロウさんが気にかけてくれるようになりました。タロウさんは田中さん親子の話を聞く中で，田中さんとマル君を一生支えていくことを決心し，田中さんにプロポーズしました。田中さんは迷った末に，再婚することとしました。

〈里親になる〉

　タロウさんは，子どもが欲しかったのですが，年齢的にも難しいことから，田中さんとマル君とも相談して，里子を迎え入れることを考えました。田中さんとタロウさんは児童相談所で里親についての説明を受けました。研修を終えた後，家庭訪問を行ってもらい，里親認定部会で審議してもらいました。自分が今まで多くの人から支えてもらったため，何か子どもたちのためにできることがないかと考えた結果でした。田中さんは里親とは，他人の子どもを育てることと漠然と思っていましたが，里親の種類には，養子縁組を目的としない養育里親，障害や非行などのケアを必要とする専門里親，親権放棄が明確であり養子縁組を前提とした養子縁組里親，3親等以内の親族の代わりに養育する親族里親の4つがあることがわかりました。

　田中さんは，自分の子どもが発達障害を持っていたために，自分の子どもを通して学んだことなどを生かせるのではないかと専門里親を選ぶこととしました。今まで多くの人に支えてもらったので，困ったときにはみんなを頼ればいいんだという自信はありました。しかしながら2つの不安は残りました。一つは養育費用の面，そしてもう一つは，里親であることをいつ子どもに告白するかということに関してでした。児童相談所に所属する担当の児童福祉司さんに相談したところ，専門里親の場合，児童一人当たり月12万3000円支給され，生活諸費として乳児の場合一人当たり月5万4980円が支給されると聞き，安心しました。また里親であることの告知ですが，様々なケースがあることも教えてもらいました。児童福祉司さんと相談しながら，その時が来れば対応すれ

ばよいと考えられるようになりました。また里親の告知の問題のみでなく，小学校2年生の授業での「生い立ち探し」や4年生の「二分の一成人式」への配慮や準備が必要なことも教えてもらいました。新しい家族をみんなで迎えていく上で，何ができるのかをマル君も含めてみんなで考えています。これからも困難に出会うことはあるでしょうが，社会的な支援や多くの温かい支えにより乗り越えられることと思います。

　以上，妊娠，出産，子育てを通して親子を守っていく法律や制度について紹介してきました。このように法律や制度は私たちの味方になってくれます。ぜひカウンセラーやソーシャルワーカーは，子育てに関する制度や法律についても理解を深め，適切な情報を伝えてほしいと思います。

　また，法律や制度は子育て中の親子のみではなく，カウンセラーやソーシャルワーカーが勤務する保育者や保育所をも守ってくれます。例えば，保育所で法律が関係する事例を考えてみましょう。「職場の人間関係で体調不良となり，仕事の継続が難しくなった」「子どもが保育中に事故に遭った」「お昼寝中に乳幼児突然死症候群が発生した」「自然災害で保育所が被害にあった」「SNSに保護者が保育所の子どもたちの映像を勝手にアップして他の保護者から保育所にクレームがきた」「別居中の子どもの親が相手に黙って子どもを保育園から引き取ろうとする」などの事例が起こりえます。保育所に関係する事例をコラム❺（p. 143）で紹介していますので，ぜひご覧ください。　　　　　　　（藤後悦子）

●参考文献

女性労働協会（2019）．厚生労働省　母性健康管理研修会　https：//www.bosei-navi.mhlw.go.jp/document/data/kenshu_text.pdf

香川県健康福祉部子育て支援課（2015）．市町保健師のための子ども虐待を防ぐ妊娠中からの支援　https：//kagawa-colorful.com/app-def/S-102/colorfulex/wp-content/uploads/4e6e6add4676ccc767d9172de11999f8.pdf

厚生労働省（2020）．令和2年版厚生労働白書—令和時代の社会保障と働き方を考える—　https：//www.mhlw.go.jp/content/000735866.pdf

厚生労働省委託（2018）．働きながら安心して妊娠・出産できる職場づくりのために　https：//www.bosei-navi.mhlw.go.jp/kensetsu/pdf/guidebook05.pdf

遊びは子どもの主食です―国連子どもの権利条約第31条―

国連子どもの権利条約は第31条で、「休息・余暇・遊び・文化的・芸術的生活への参加」（日本政府訳）の権利を謳っています。

国連は、この条文の内容についての国際的な理解を共有するために、2013年に「第31条についての総合的解説（General comment No. 17)」を採択しました。

この解説は、「遊び自体は、非強制的なものであり、内発的な動機によって行われ、何らかの目的のための手段としてよりも、それ自体のために企てられる。」として、遊びは自主的・主体的なものであり、何かの手段ではなく、それ自体が目的であることを強調し、「遊びは子ども時代の楽しみの基本的で欠くことのできない側面であり、身体的・社会的・認知的・感情的・精神的発達の本質的な構成要素である」として、「遊び」は「子ども時代」に保障される「今の幸福（well-being）と未来への成長（development)」の真ん中に置くべきものと説いています。

また、解説は、「余暇」を「主体的な遊びが生まれる、子どもの自由裁量の時間」と定義します。子どもは自由な時間の中で、自らと向き合い、主体的に遊びに向かっていきます。そのときに不可欠なのが体力と健康で、それを保障するのが「休息」です。

そして、子どもたちは文化的生活や芸術への参加を通して、楽しみながら、人間とは何かを考え、自国や地域を学び、自分を表現し、他者の表現と出会い、多様性を深く理解していきます。子どもたちに「子どもの権利」を伝える「ワニブタ絵本ガイドブック」（Art. 31）は、「遊びは子どもの主食です！」と叫ん

ワニブタカレンダー 2022ⒸArt. 31

でいます。そして、「休息・余暇、遊び・レクリエーション、芸術・文化」の権利（第31条）を、「子ども時代を保障する文化の権利（子どもの文化権）」と呼んでいます。　　　　　　　　　　　　　　　　　　　　　　　（大屋寿朗）

【文献】
　増山　均・大屋寿朗（2020）．子どもの権利条約・子どもの文化権（31条）：ワニブタ絵本ガイドブック　Art. 31

―― コラム**❼** ――

子育て支援の中で子どもの権利を守る

　ユニセフは子どもの権利を4つの簡単な言葉で言い換えています。「生きる権利」「育つ権利」「守られる権利」「参加する権利」です。生きる・育つ・守られるの3つの権利を重要視するあまり、子どもたち自身の参加する権利がおろそかにされていることが少なくありません。

　たとえ、最終的に子どもたちが児童福祉施設に入所することになろうとも、子どもたち自身はどう考えているのか、子どもたち自身に問いかけることは大切です。また、普段の保育や幼児教育の実践の中でも、大人がすべてを決めてしまうことなく、例えば「運動会の出し物に使う曲を2つ準備し（票が割れないように1つを子どもたちが大好きな曲にしておくと良いかもしれません）、子どもたちにどちらの曲が良いのかを問いかけてみる」「ダンスの最後の決めポーズは子どもに任せる」といったようにその時々に子どもが選択できるような仕掛けを作っておくという工夫もできるでしょう。　　　　　　　（石田祥代）

第**13**章

社会的子育ての実現に向けて
──保育カウンセリングと保育ソーシャルワークの融合──

　本章では，社会的子育ての実現に向けて，本書の核となる「保育カウンセリング」と「保育ソーシャルワーク」の融合について社会的子育ての視点から考えていきます。その際，「保育」を保育現場のみにとどめず，広い意味で子どもや親が育つ場所と考え，第2節で保育所における支援，第3節で地域における支援，第4節で住民参加による支援を取り上げていきます。なお本章では，広義の「保育カウンセリング」や「保育ソーシャルワーク」を担う支援者として，保育士，栄養士，保健師，子育て支援員などを想定しています。一方，狭義のカウンセリングやソーシャルワークは，それらの有資格者である公認心理師や臨床心理士，臨床発達心理士，社会福祉士等が担うことを想定しており，心理専門職，社会福祉専門職と記しています。

1　保育カウンセリングと保育ソーシャルワークの融合モデルとは

　前述した3つの実践の場において「保育カウンセリング」と「保育ソーシャルワーク」を検討していく際の共通の物差しとして「保育カウンセリングと保育ソーシャルワークの融合モデル」を紹介します。このモデルは3つのモデルに分けられます。

　モデル1は，支援の場に心理専門職としてのカウンセラーと社会福祉専門職としてのソーシャルワーカーの2名の専門職が配置されている場合です。2名の役割分担の例として，カウンセラーは支援の場で主に子どもや親に心理的支

〈モデル1：心理・社会福祉専門職2名〉

〈モデル2：心理・社会福祉専門職1名〉

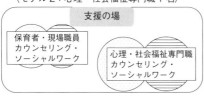

〈モデル3：保育者・現場職員主体〉

図13-1　保育カウンセリングと保育ソーシャルワークの3つの融合モデル

援を行い，ソーシャルワーカーは地域へのアウトリーチを行います。

　モデル2は，支援の場にカウンセラーとソーシャルワーカーのどちらかの心理・社会福祉専門職が1名いる場合です。心理・社会福祉専門職が1名しかいないので，1名で2役を担うこととなります。カウンセラー，ソーシャルワーカーそれぞれ本来の専門分野を中心に他の分野を補完していきます。例えば，カウンセラーの場合は，支援の場で心理的援助を行いながらもソーシャルワーク的マインドをもって，地域資源の活用や連携を意識します。一方，ソーシャルワーカーの場合，ソーシャルワークを行いながら，カウンセリングマインドを意識し，子どもや保護者，そして職員に寄り添いながら支援を行っていきます。なおその際カウンセラーが専門とする心理検査や子どもの行動観察などは，外部に依頼することが望まれます。

　モデル3は，支援の場にカウンセラーもソーシャルワーカーも配置されておらず，心理・社会福祉専門職がいない場合です。保育所をはじめ多くのNPOや民間の子育て支援では，このモデル3が多いと思われます。この場合，カウンセラーやソーシャルワーカーとしての専門的な支援は行う必要はないのですが，管理職や職員一人ひとりが，個人の気持ちに寄り添うカウンセリングマインドを活かすこと，そして，地域資源の活用や連携というソーシャルワークを心がけるとよいでしょう。

　以上，3つのモデルから構成されている「保育カウンセリングと保育ソーシャルワークの融合モデル」を用いながら，保育所における融合的な支援，地域における融合的な支援，住民参加による融合的な支援をみていきます。

2 保育所における融合的な支援

(1) 保育所における子育て支援

　保育所における子育て支援は，1994年のエンゼルプランが皮切りとなりました。その後，2001年の児童福祉法改正において保育者の業務に「保護者に対する保育の指導」が明記され，さらに2008年改訂保育所保育指針（厚生労働省，2017a）では，地域家庭への子育て支援事業が示されました。このように，子育て支援は子どもの保育と並んで保育所の大きな柱となっています。

　保育所の子育て支援の形態は様々で，親の送迎の時間での立ち話や連絡帳を通した子どもの育ちのフィードバックというような日々の保育に根付いた子育て支援から，子育て広場や子育て講座，子育て相談というように子育て支援に特化した支援まで幅広く行われています。多くの保育所は園長や保育者が中心となり両者の支援を行っていることでしょう。これはモデルの3にあてはまります。

　一方で，文部科学省において幼稚園へカウンセラーとソーシャルワーカーの心理・社会福祉の両専門職の配置を議論する動きがあることから，モデル1のように保育所にもいずれ両専門職の配置が可能となるかもしれません。両専門職を中心とした保育所における融合モデルは，図13-2のスクールカウンセリングとスクールソーシャルワークの連携図の枠組みが参考になります。カウンセラーは，個別の子どもの発達支援，保護者のカウンセリング，保育者への保育支援を中心に行い，ソーシャルワーカーは，ソーシャルワークの3技法（「ケースワーク」「グループワーク」「コミュニティワーク」）を踏まえた地域ネットワークづくりや，家庭訪問などを中心とした業務を担っていきます。

　次に，心理専門職か社会福祉専門職のどちらか1名が保育所に勤務するモデル2について見ていきます。筆者（藤後）は，保育所に週1回心理専門職であるカウンセラーとして勤務しています。日本保育ソーシャルワーク学会出版の『保育ソーシャルワークの世界―理論と実践』の第14章では，「保育におけるカウンセリングは，保育ソーシャルワークと部分的な重なりは見せながらも，子どもや保護者の心理的な支援に重点を置いた捉え方であるといえる」と説明

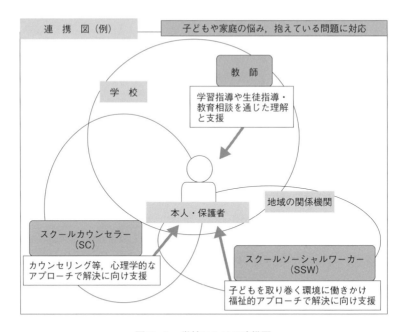

図13-2　学校における連携図

しています。カウンセラーとソーシャルワーカーは共通点が多いものの，筆者のように心理専門職1人の勤務では，カウンセラーは心理査定や個の内的世界への寄り添いを生かしながら，ソーシャルワーク的視点に留意し，地域との連携を図っていくとよいでしょう。

　さて，ここからは，さらにイメージを持っていただきやすいように保育所での支援についてモデル1，モデル2，モデル3の3つの融合モデルに基づいた事例を取り上げながら説明していきます。

(2) 保育所における事例
事例13-1：（モデル1）抑うつ気分が強い保護者への支援

〈家族構成〉田中さん（母・20代後半），太郎くん（2歳男児）（いずれも仮名）
〈支援に関わった機関〉保育所，地域子育て支援センター

〈モデル１：心理・社会福祉専門職２名〉

図13-3　モデル1　（保育所）

　田中さんは，体調が悪くなると朝起きられなくなり，保育所に子どもを送り迎えできなくなります。ある日無断欠席が４日も続きました。保育所が電話をしても連絡がつきません。そこで，社会福祉専門職であるソーシャルワーカーが自宅を訪問してみました。すると真っ暗な中，テレビを見ている太郎くんがいました。ソーシャルワーカーは，田中さんの様子と太郎くんの無事を確認し，虐待の疑いがあるために保育所と子育て支援センターに連絡を入れました。保育所でも田中さん親子についてのケースカンファレンスを開きました。その後，保育所のクラス面接の際，お母さんが担任に悩みを打ち明けたので，これはチャンスだと担任は判断して，田中さんに保育所の心理専門職であるカウンセラーを紹介しました。これをきっかけにカウンセラーと田中さんは定期的にカウンセリングを行うようになりました。カウンセラーは保育所での太郎くんの様子を見ながら，田中さんに太郎くんの成長を伝えたり，田中さんが子育てで困っていることについて耳を傾け，アドバイスしています。徐々に田中さんも太郎くんも表情が明るくなり，落ち着いてきました。

事例13-2：（モデル２）言葉の遅れがある子どもを持つ家族への支援

〈家族構成〉佐藤さん（母・30代前半），花子ちゃん（３歳女児）（いずれも仮名）
〈支援に関わった機関〉保育所，発達支援センター

　花子ちゃんはもうすぐ３歳半になりますが，あまり言葉を話しません。お友達とのトラブルも多く，すぐに噛みつきます。担任は花子ちゃんへの接し方に戸惑っていました。また花子ちゃんのことをどのように佐藤さんに伝えてよい

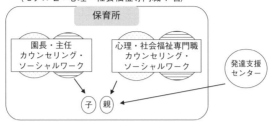

〈モデル2：心理・社会福祉専門職1名〉

図13-4　モデル2（保育所）

か，情報共有の仕方についても困っていました。そこで保育所に勤務する心理専門職であるカウンセラーに相談することにしました。

　カウンセラーは，担任から様子を聞いた後，花子ちゃんの行動観察を行いました。花子ちゃんと一緒に遊びながら言語理解や発語の様子，物事の理解面などを確認していきました。そして担任に行動観察を踏まえた花子ちゃんへの対応の仕方を伝えました。具体的には，花子ちゃんが興味を持ったものに合わせて，その都度丁寧に言葉を添えていくこと。花子ちゃんから「やって」などの要求言語が出るように，先回りせずに，ちょっと間をとって待ってあげることなどを提案しました。

　佐藤さんへのアプローチとしては，送迎時に花子ちゃんの保育所で楽しそうに遊んでいる姿を伝えながら，お家での遊びの様子や子育ての様子を聞いてみること。佐藤さんの気持ちがほぐれてきたら，花子ちゃんの様子で気になる点があることを伝え，保育の中で工夫してみたいと思っているのでアドバイスをいただきたいと佐藤さんに相談してみるとよいことを提案しました。保育所で花子ちゃんを支えていくことを中心に徐々に佐藤さんを巻き込んでいきながら，みんなで花子ちゃんを支えていく環境を作りました。

　その後，佐藤さんからカウンセラーと話をしたいとの要望があったため，2週間に1回保育所で発達相談を中心としたカウンセリングを行うこととしました。カウンセリングの中では，佐藤さんの子育ての苦労に共感しながら，花子ちゃんへの支援として地域の発達支援センターを紹介しました。花子ちゃんは，発達支援センターに佐藤さんと一緒に月1回通うこととなり，佐藤さんを通して発達支援センターでの様子と保育所での様子が共有されていくこととなりま

した。花子ちゃんの変化は目覚ましく，担任はもっと保育所で工夫できることはないかと，花子ちゃん親子が発達支援センターに通う日に付き添い，療育での工夫を実際に見て，保育の中での工夫を検討していきました。

事例13-3：（モデル3）虐待傾向のある家族への支援

〈家族構成〉加藤さん（母・30代前半），ななちゃん（3歳女児）（いずれも仮名）
〈支援に関わった機関〉保育所，子育て支援センター，要保護児童対策地域協議会

　担任は，最近のななちゃんの様子がどうも気になっています。お昼寝の途中に急に目覚めて泣き出したり，お友達が担任に話しかけるとそのお友達をたたいて担任を独り占めしようとします。ある日クラスの保護者から，ななちゃんが夜一人で家の外にしゃがんで泣いていたという話を教えてもらいました。担任は園長にすぐに報告し，園長は子育て支援センターに状況を伝えました。子育て支援センターは，家庭状況を確認し，その後すぐに，要保護児童対策地域協議会が開かれ，関係者で加藤さん一家の様子を共有し，保育所が中心となり地域で支えることが確認されました。

　園長は，日々親子の様子を見ていましたが，どうも加藤さんの様子が，とても疲れているように見えたので「お母さん疲れてない？　お茶でも飲んでいかない？」と声をかけ，子育て相談室に誘いました。園長の温かい声かけでお母さんは泣きながら育児の大変さを話してくれました。園長は加藤さんをねぎらいながら，いつでも相談していいことや子育て支援センターの存在なども伝え，

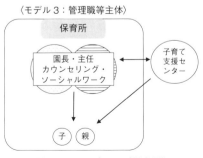

図13-5　モデル3（保育所）

みんなでななちゃんを育てていこうねと加藤さんに伝えました。子育ての大変さをわかってもらえたという安堵感から，加藤さんの表情は穏やかになっていきました。その後も園長は毎日加藤さんの送迎時に「よく頑張ってるね。ななちゃんもよく育ってるよ。大丈夫だからね」などの声をかけていきました。そのうち加藤さんからも園長や担任に積極的に話しかけるようになり，週末も家庭で煮詰まったときには，子育て支援センターに遊びに行く工夫ができるようになってきました。

(3) モデルに基づく事例の解説

　事例 13-1 は，保育所に心理専門職と社会福祉専門職の両専門職が配置されている例です。社会福祉専門職のソーシャルワーカーが田中さん宅の家庭訪問と地域との連携を行い，心理専門職のカウンセラーが保育所で太郎くんの様子を行動観察したり，母親とカウンセリングを行ったりするなど，明確な役割分担の上で支援しました。

　事例 13-2 は，心理専門職であるカウンセラーが 1 名で配属されています。カウンセラーは花子ちゃんの行動観察を行ったり，お母さんへのカウンセリングを主に行う反面，事例 13-1 のソーシャルワーカーのように自ら家庭訪問に行くことはしていません。カウンセリングの中で，発達支援センターなどの地域に「つなぐ」ことを意識した関わりを行っています。

　事例 13-3 は，心理・社会福祉専門職が配属されておらず，管理職がカウンセリングとソーシャルワークを行う場合です。実際の保育現場では，このモデルが最も多いと思います。園長・主任がカウンセリングやソーシャルワークを融合的に駆使しながら，特別な配慮を要する子どもや保護者支援を保育所で行います。特別な配慮を要する子どもへの支援は，主に発達の促しを目的として集団の保育の中で実施していくこととなります。家庭環境に配慮を要する子どもの支援は，事例の園長のようにソーシャルワーク的視点を持って，要保護児童対策地域協議会に出席したり，子育て支援センターと連携していくとよいでしょう。また事例では，ななちゃんや加藤さんに対して，送迎時に温かい声をかけたり，時には事務所や相談室などで子育ての悩みなどを聞いたりしており，これはまさにカウンセリングマインドを活かした対応といえます。

以上，3つのモデルについて事例を用いながら説明してきました。理想をいえば，心理と福祉，専門職が2人いることがよいでしょうが，モデル3のケースでも，園長，主任は専門性を発揮しながらもすべてを自分たちで抱え込むのではなく，上手に外部の専門職との連携を取り入れていくとよいでしょう。

3　地域における融合的な支援

(1) 子育て世代包括支援センター

　地域における妊娠期から子育て期までの切れ目のない支援（図13-6）の提供を目指し，2020年度末をめどに全国展開されてきた子育て支援体制が「子育て世代包括支援センター事業」です。この事業は，新しい単体の事業ではなく，その支援のあり方や体制そのものを意味しています。具体的には，母子保健法に基づく母子保健事業，子ども子育て支援法に基づく利用者支援事業[(1)]，児童福祉法に基づく子育て支援事業などが連携し協働しながら機能していくもので，地域の実情に応じて，子育て世代包括支援センターという同じ場所で同一の事業者（施設）が，それぞれの事業のコーディネーターで1つのチームとして実施する形もあれば，同一市町村において，母子保健や子育て支援に関する複数の機関が連携する形を取る場合もあります。なお，支援対象は，原則すべての妊産婦（産婦：産後1年以内），乳幼児（就学前）とその保護者で，地域により，18歳までの子どもとその保護者についても対象とする等，柔軟に運用するものとなっています（図13-7）。

　ここで，地域子育て支援の現場で展開されている支援の実際について，子育て世代包括支援センター事業を例に「保育カウンセリングと保育ソーシャルワークの融合モデル」を用いて整理してみましょう。

図13-6　妊娠期から子育て期までの切れ目のない支援（厚生労働省，2017b）

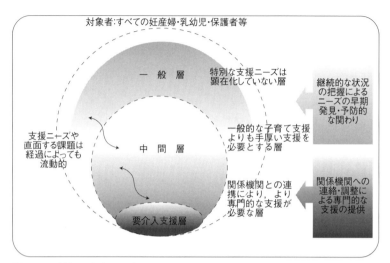

の位置に図

対象者:すべての妊産婦・乳幼児・保護者等

一　般　層　　特別な支援ニーズは
　　　　　　　　顕在化していない層

継続的な状況
の把握による
ニーズの早期
発見・予防的
な関わり

支援ニーズや
直面する課題は
経過によっても
流動的

中　間　層

一般的な子育て支援
よりも手厚い支援を
必要とする層

関係機関との連
携により，より
専門的な支援が
必要な層

関係機関への
連絡・調整に
よる専門的な
支援の提供

要介入支援層

図13-7　妊娠・出産・子育てにおけるリスクからみた子育て世代包括支援セン
　　　　ターが支援する対象者の範囲（厚生労働省，2017b）

(2) 子育て世代包括支援センター事業での事例

　子育て世代包括支援センター事業の場合，同事業自体が母子保健事業・利用者支援事業・子育て支援事業などの複数の事業（地域保健センター，地域子育て支援センターなど）とそこに携わる機関が連携し協働しながら機能しているため，専門職による支援が基本となります。したがって，主なモデルは次の2種類になります。

〈モデル1：心理・社会福祉専門職2名〉

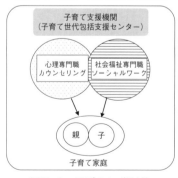

子育て支援機関
（子育て世代包括支援センター）

心理専門職
カウンセリング

社会福祉専門職
ソーシャルワーク

親　子

子育て家庭

図13-8　モデル1　（地域）

①モデル1：心理・社会福祉専門職が2名いる場合

　モデル1（図13-8）は，対象者の抱える課題や置かれている状況に応じて，心理専門職・社会福祉専門職2名が連携してカウンセリングやソーシャルワーク等の支援にあたる場合です。

　例えば，身近に支援してくれる身内もな

く子育て不安が高い母親に対し，心理専門職が心理的なサポート（カウンセリング）を行うとともに，並行して社会福祉専門職が育児支援ヘルパーを手配する等，養育環境を調整すること（ソーシャルワーク）で子育ての負担感の軽減を図るというような場合があてはまります。なお，状況により，保育士等がカウンセリングやソーシャルワークを行う場合もあります。

②モデル2：心理・社会福祉専門職が1名いる場合

設置されている専門職が1名の場合，対象者の必要とする支援内容に応じて，主に2つの連携モデルが考えられます（図13-9ab）。

1つは，対象者の主担当となった心理専門職または社会福祉専門職が，個別の心理的サポート（カウンセリング）と必要な情報・サービス（ショートステイ等）の提供や環境調整（ソーシャルワーク）を合わせて行う場合（モデル2a）です。

もう1つのモデルは，子育て支援機関においてはカウンセリングによる心理的サポートを主たる支援とし，ソーシャルワークについては他機関が行う形で連携をとる場合です（モデル2b）。

それでは，ここでモデル2a,bのうち，子育て支援機関の心理専門職1名が他機関の社会福祉専門職と連携をとる場合（モデル2b）について，具体的な事例を取り上げ，支援の様子を見ていきましょう。

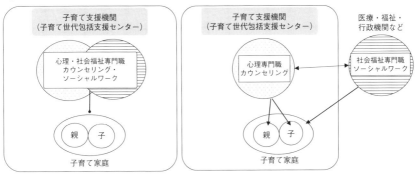

図13-9　モデル2（地域）

事例13-4：重度の産後うつの母が自ら子育てする力を育むまで

> 〈家族構成〉ハルコさん（母・20代後半），ナツキさん（父・30代前半），アキ
> 　　　　　ちゃん（第1子・生後1か月女児）（いずれも仮名）
> 〈支援に関わった機関〉病院（産婦人科，精神科），子育て世代包括支援センター
> 　　　　　　　　　　（地域保健センター，地域子育て支援センター），保育所

〈支援につながった経緯〉

　第一報は，ハルコさんが出産した病院から地域の保健センターに入りました。
「入院中から表情が暗く，このままでは退院後が心配である。」という報告を受
け，保健センターでは地区担当の保健師が退院前に父親のナツキさんと母親の
ハルコさんと面接し，退院後すぐに家庭訪問を実施，母子への支援を開始しま
した。退院後のハルコさんはアキちゃんの世話を一切せず，泣いてばかりであ
るため，病院を受診し，重度の産後うつであると診断され投薬治療が開始され
ました。父方祖父母はすでに他界しており，母方祖父母とは絶縁状態で，両親
ともに頼ることのできる身内はいない状況でした。

　ハルコさんの精神科への入院やアキちゃんの乳児院への入所なども検討され
ましたが，ハルコさん本人が入院を強く拒否し，近隣の乳児院にも空きがなく，
ナツキさんもアキちゃんの入所自体を望まなかったことから，ひとまず，地域
の保健センターと子育て支援センターの連携による支援が提案され，ナツキさ
んもそれに同意しました。

　以下，ハルコさんが支援につながってからアキちゃんが保育所に入所するま
での期間を4期に分け，ハルコさん家族の変化の様子を見ていきます。なお，
各期の図は，母と子ども，父，支援機関（支援者）の関係について心理的側面
に焦点を当てて表したものです。

〈支援の経過〉

●支援開始当初の様子：弱々しく未熟な自己

　子育て支援センターに初めて保健師と父のナツキさんと子のアキちゃんと来
所した母のハルコさんは無表情で棒のように立ったままの状態でした。保健師

に支えられて子育て広場に入ると導かれるままに部屋の一角に座りました。その間，アキちゃんの方を見ることはありませんでした。この日から，出勤前にナツキさんが母子を連れて来所し，退勤後，子育て支援センターに寄って母子を引き取り帰宅するという毎日が始まりました。

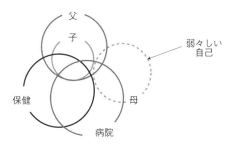

保健＝保健センター

図13-10　支援につながる前の状況

本格的な支援につながる前のハルコさん家族の状況は，図13-10に示すように，ハルコさん自身の意思や感情の表出がほとんど見られず，自己そのものが弱々しい状態でした（図中，弱々しい自己を実線ではなく点線で表現）。

その後，子育て支援センターも加わって本格的なハルコさん家族

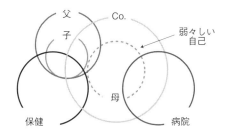

Co.＝子育て支援センター・カウンセラー

図13-11　支援開始当初

への支援が始まりました。子育て支援センターでは，心理専門職（以下，カウンセラー）が中心となり，母のハルコさんに寄り添い，安定して子育て支援センターで過ごせるように弱々しい自己に代わって包みこみ受容するように関わりました（図13-11）。

●第Ⅰ期：ハルコさんが安心し，安定できる居場所を得るまで

毎日通うようになったハルコさんですが，1日中，部屋の片隅に座ったまま，アキちゃんが泣いても全く無反応，授乳など一切の世話を子育て支援センターの保育スタッフが行うような状態でした。そこで，子育て支援センターでは，カウンセラーがハルコさんに寄り添い，弱々しいハルコさんの自己をありのまま受容し，まずは彼女が安心し過ごせる場の提供を大切にしました。

ある日，泣き出したアキちゃんの世話をしている保育スタッフを見ながら，カウンセラーが「赤ちゃんってよく泣くね。」とつぶやいたところ，それまで

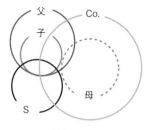

S＝保育スタッフ

図13-12　第Ⅰ期

ぼんやり宙を見つめていたハルコさんが突然，カウンセラーをまっすぐ見つめ「そうですよね。あんなに泣いてばかりで，泣きたいのは私の方なのに，母親なんて私には無理。」と初めて声を発しました。「そうだよね，急にお母さんになんてなれないよね。」とカウンセラーが返すと，ハルコさんは黙って涙を浮かべました。それを境に，ハルコさんは，自分の母親との間に温かい思い出がなく，何をしても否定され，ずっと孤独を感じながら育った自身の生い立ちについて語るようになりました。第Ⅰ期は，支援センターという場で徐々に安定し，弱々しくあいまいだったハルコさんの自己が少しずつ確かなものとなり（図13-12参照。ハルコさんを表す母の円の輪郭が不確かな点線から実線へ変化），ようやく自分の思いを自分の言葉で語れるようになった時期です。

●**第Ⅱ期：ハルコさんが保育スタッフや他児との交流を通して，安定した自己を形成するまで**

　相変わらず，アキちゃんの世話をしないハルコさんでしたが，次第に表情が和らぎ，カウンセラー以外に，アキちゃんの世話をする保育スタッフとも簡単な会話をするようになりました。時には，リラックスした様子で広場の中でうたた寝をすることもありました。他の広場利用者とのやりとりは見られないものの，この時期のハルコさんはハルコさん自身がまるで幼い子どものように安心して過ごしていました。

　ある日，広場に遊びに来ている3歳男児が，いつも部屋に座っているハルコさんに興味津々で近づいてくると持っていたボールを差し出しました。ハルコさんは最初びっくりしていましたがボールを受け取り，それをきっかけにその男児の遊び相手をするようになり，男児の母親と簡単な挨拶を交わすようになりました。カウンセラーはそうしたハルコさんと男児とのやりとりを包み込むように見守りました。やがて，ハルコさんは，アキちゃんの世話をする保育スタッフの様子をじっと観察するようになりました。

第Ⅱ期は，ハルコさんがわが子との関わりは不安定で未熟ではあるものの，他児との関わりを通して，少しずつ外界との関わりを持ち始めた時期となります（図13-13）。

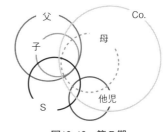

図13-13　第Ⅱ期

●第Ⅲ期：ハルコさんが母親としてわが子への愛情を意識するまで

ある日，アキちゃんの泣き声を聞いていつものように保育スタッフが様子を見ようとベビーベッドに目を向けると，そこにはベッドの近くに立ってハルコさんがアキちゃんをのぞき込みガラガラを振っている姿がありました。表情は硬いままでしたが，初めてハルコさんが自分の意思でアキちゃんをあやそうとする姿でした。アキちゃん

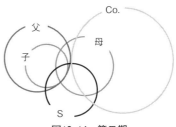

図13-14　第Ⅲ期

がにっこりすると「あ，笑った」とハルコさんはつぶやきました。それ以来，ハルコさんはスタッフに育児について質問するようになりました。ナツキさんの話によると，ぎこちないながらも，家でも少しずつアキちゃんの世話をするようになったとのことでした。

第Ⅲ期は，ハルコさんが自分の意思で自発的にわが子と関わり始めた時期です。この頃からカウンセラーは，ハルコさんを包み込むような寄り添い方から，折に触れてハルコさんの考えや意思を尋ねるなどして，ハルコさんの自立に向け，少しずつハルコさんが主体的にアキちゃんと関わり，子育てと向き合えるような支援のあり方を実践し始めています（図13-14）。

●第Ⅳ期：アキちゃんが保育所に入所し，ハルコさん家族が新たな一歩を踏み出すまで

来所当初は無表情で動きもロボットのようにぎこちなかったハルコさんでしたが，しだいに広場の他の利用者と談笑するまでに回復しました。そこで，ナ

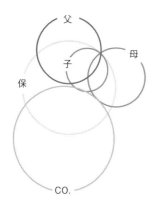

図中　保＝保育所

図13-15　第Ⅳ期

ツキさんとも相談し，アキちゃんの保育所入所を申請し，アキちゃんが生後4か月時に保育所入所が決まりました。子育て支援センターでは母子がスムースに保育所での生活をスタートできるよう，ナツキさんと相談の上，ハルコさんの了承を得て事前に保育所にハルコさんの状態や支援センターでの様子について申し送りを行いました。

　　第Ⅳ期では，いよいよハルコさん，ナツキさん，アキちゃん親子が，子育て支援センターから地域の保育所へと自立に向けて一歩を踏み出していきます。子育て支援の場が保育所に移るにあたり，カウンセラーは情報共有を通して保育所との連携をしっかり取り，親子が不安なく保育所での生活をスタートできるように支援体制を整えました。

　ハルコさん母子が広場で過ごす最後の日，スタッフが「また，いつでも遊びに来てくださいね。」と声をかけると，ハルコさんはにっこり笑って言いました。「うちのアキは可愛いから，明日からきっと，みなさんのほうが寂しくなっちゃいますね。」そこには母親として歩み始めたハルコさんの姿がありました（図13-15）。

(3) モデルに基づく事例の解説

　モデル2の事例であるハルコさん家族の場合，出産直後の病院による情報提供に始まり，保健センター，子育て支援センター，保育所と，複数の機関が連携・協働し，切れ目のない支援（包括支援）が行われています。ハルコさんの場合，産後うつの発症にハルコさん自身の被虐経験も加わって日常生活もままならないような状態でした。

　そこで，子育て支援機関の心理専門職1名が，ハルコさんの精神面のケアとナツキさんも含む保護者への子育てに関するサポート（カウンセリング）を行い，並行して地域の社会資源を活用し養育環境を整えていく（ソーシャルワー

ク）という，まさに社会全体で子育てを支援した例となっています。

　子育て支援機関においては，対象者の抱える課題や置かれている状況，対象者の居住する地域の社会資源の状況に応じて，子育て支援に関わる専門職が同一機関内または他機関の専門職と連携を取る形で支援に携わっています（なお，モデル1，モデル2のいずれのモデルおいても，心理専門職以外の現場職員がカウンセリングを行う場合や社会福祉専門職以外の現場職員がソーシャルワークを実施する場合があります）。

　近年，子育てをめぐる問題や支援のニーズはより多様で複雑なものとなっています。カウンセリングとソーシャルワークが融合することで，より効果的で対象者のニーズに合わせた支援の充実が期待されます。

4　住民参加による融合的な支援
——ホームスタート——

　保育カウンセリングと保育ソーシャルワークが融合した実践は制度に則った保育現場や地域子育て支援現場のみならず地域住民相互の子育てにおいても行われています。ここでは，まずホームスタート（コラム❾参照）のしくみを説明した上で事例を挙げ，これらの事例を先述の融合モデルと照らし合わせながら説明していきます。

(1) ホームスタートのしくみ

　ホームスタートは，心理専門職や社会福祉専門職が関与しないことが多いので，ボランティアや現場職員主体の融合モデル3にあてはまります。

　ホームスタート活動の核はボランティアにありますが，ボランティアが家庭に訪問することにはリスクがあるのも確かです。そこでホームスタートは3つのシステムで安心・安全な支援を実現しています（図13-16）。この中の「ニーズを把握するしくみ」の具体的な訪問のながれとしては図13-17になります。このことから，ホームスタートは，ボランティアであるホームビジター（家庭訪問員）と，有給のスタッフであるオーガナイザー（専門コーディネーター）で構成されていることが理解できます。そして，本章のテーマである保育カウ

ホームスタートの特徴

安心・安全で効果的な支援システム

活動の「質」を担保する
- ●オーガナイザーの役割
- ●ニーズを把握するしくみ（訪問のながれ）
  - ・アセスメント・モニタリング・エヴァリュエーション
- ●ボランティアへの支援
  - ・ホームビジター養成講座
  - ・申し込みから終了までの様々な場面での支援

図13-16　ホームスタートの特徴 (提供：ホームスタートジャパン)

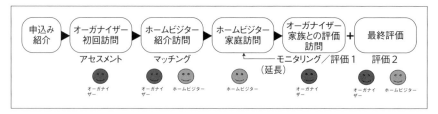

図13-17　ホームスタートの訪問の流れ（提供：ホームスタートジャパン）

ンセリングと保育ソーシャルワークを，これに重ね合わせると，保育カウンセリングの一部を担っているのがビジターであり，保育カウンセリングと保育ソーシャルワークを担っているのがオーガナイザーということになります。

　ホームスタートは，拠点施設に「来られない」「行きたくない」保護者に訪問活動によってアウトリーチ（手を差し伸べる）する機能，すなわち，孤立家庭（保護者）に対する社会参加を促すきっかけを作る役割を持っています。

(2) ホームスタートでの事例
事例13-5：引っ越しをきっかけに孤立しがちな親子が拠点施設へ通えるようになるまで

〈家族構成〉キョウコさん（母・25歳），ワタルさん（父・35歳），アスミちゃん（2歳女児）（いずれも仮名）
〈支援に関わった機関〉地域保健センター，地域子育て支援センター（ホームスタート・スキーム），子育てひろば

〈支援の経過〉

●第Ⅰ期：キョウコさん家族が引っ越し先の社会資源とつながるまで

　ある日，A市の保健師から，B市の保健センターに情報提供がありました。内容は，A市在住のキョウコさん家族が，来月B市へ転入予定とのことで，母親は精神的に課題を抱えていて情緒不安定な状況にあるということでした。現在，A市ではキョウコさん家族を近所の子育て支援センターにつないで毎日そこで過ごしているとのことで，子育て支援センターのスタッフの話によると，キョウコさんは来月B市に引っ越すにあたって相当不安を訴えているとのことでした。また，キョウコさん家族は，センターに通えるようになるまでには相当な時間を要しており，これ以前は母子が家に篭りがちであったことも併せて伝えられました。これは，A市の保健師が，要保護家庭ではないものの継続的な様子観察を要するケースなので適切な対応が必要と判断し，情報提供したものでした。この対応は，A市の保健師が引っ越し先のB市の保健師の協力を得るために情報提供することをキョウコさんに了解をもらった上で行った対応でもありました。

　情報を受信したB市の保健師は，さらにA市からキョウコさん家族の情報として，親子3人同居家族で父のワタルさんは仕事が多忙で子育てに非協力的であること，キョウコさんは産後うつ傾向，情緒不安定で，依存傾向が強いこと，引っ越しはワタルさんが自分の通勤を考え自分の実家近くの借家に引っ越すことを一方的に決めてしまったこと，キョウコさんはワタルさんの両親と不仲であるにもかかわらず，夫の決定に従いつつ，引っ越し時期が近くになるにつれ情緒が不安定な状況に陥っていることが共有されました。

　この情報をもとにB市保健センターではカンファレンスを実施して，地域子育て支援拠点事業所D施設の事業のひとつであるホームスタートの利用を担当保健師が勧めることになりました。その後，担当保健師はキョウコさん宅

に定期的に電話やメールをすることでキョウコさんと関係をつくり，その中でホームスタートについて話をし，キョウコさんにも担当保健師やホームスタートについて興味を持ってもらえるまでになりました。

● 第Ⅱ期：インテーク──はじめての家庭訪問──

　今日は，担当保健師とホームスタート・オーガナイザーの二人ではじめてキョウコさん宅を訪問する日です。チャイムを押すとキョウコさんは玄関先に出て来て静かに挨拶をし，二人はダイニングに通されました。アスミちゃんは奥の部屋で遊んでおり，部屋には至る所に引っ越しの荷物が入ったと思われる段ボール箱が積み重ねられていました。二人はそれぞれ自己紹介をしてオーガナイザーはアスミちゃんのそばにいって一緒に遊び，保健師はキョウコさんと話をすることにしました。保健師は傾聴を心がけ，キョウコさんは時折，泣きながら次のような話をしてくれました。

《キョウコさんの話》

- ・引っ越し前のA市での生活に戻りたい。
- ・何もやる気になれず部屋も片づけられていない。
- ・体も重く体調が優れない。
- ・近所の地理もわからず買い物は夫と休みの日に車で買い出しし，買い置きをしている。
- ・子どもはテレビとおもちゃとお菓子があれば静かにしてくれる。
- ・B市に来て2週間が経つが，土日以外，外出したことはない。
- ・平日の日中は，家でのんびり過ごしている。
- ・夫は以前よりも出勤時間も遅くなり帰宅時間も早くなったが，家ではお酒を飲んでいるかゴロゴロしているだけで何もしてくれない。
- ・夫の両親は休日に来て食べ物を持って来るが忙しそうですぐに帰る。
- ・夫は私に隠れて実家に帰っている様子。

　保健師は帰り際，キョウコさんに子育てハンドブックを渡し，「今後も心配のことがあったら，いつでも話を聴きたい」ことを伝えました。オーガナイザーは，ホームスタートのパンフレットを手渡し，「後日，説明に再度，訪問して良いか」うかがい，翌週，再訪問することとなりました。

● 第Ⅲ期：ホームスタートの利用①──オーガナイザーの初回訪問──

今日はホームスタート開始の日です。ホームスタートの支援の中心はビジター（ボランティア）による傾聴・協働のボランティアなのですが，初回の訪問は，そのボランティア活動を支えるコーディネーター役のオーガナイザーがひとりだけで訪問します。今回の訪問の目的は，初回訪問シート（図13-18）を使ってキョウコさんの希望を把握することです。

　キョウコさんとの話の結果，初回訪問シートには以下のチェックが記入されました。

　オーガナイザーは訪問後，この初回訪問シートを見て「子どものことより自分のことでいっぱい，いっぱいなのだな…」「様々なサポートがないと子育てに向かっていけないな…」と考えていました。そして，この情報をもとにアセスメントして，経験豊富で受容的な態度が得意なベテランのホームビジターをマッチングすることにしました。

●**第Ⅳ期：ホームスタートの利用②──ビジター訪問から最終訪問まで──**

　今日は，キョウコさん親子が，ホームスタートのすべての訪問支援を終了した日でした。最終訪問（家族との評価訪問）を終えて事務所に戻ってきたオーガナイザーは，ビジターとのやりとりをした記録（図13-19）に目を通しながら，しみじみとキョウコさん親子の成長に喜びを感じていました。

1	子育てを応援してくれる人や仲間が欲しい，孤立感を解消したい	☑	8	子どもの困った行動（問題行動）を減らしたい	☐
2	子育てに関する色々なサービスの利用方法を知りたい	☑	9	外遊びや身体を動かす遊び，創作活動など，子どもの成長・発達を促す機会をもっと作ってやりたい	☐
3	私（親）自身の心の安定を取り戻したい	☑	10	家族同士の争い事やイザコザ，イライラを少なくしたい	☑
4	「自分を大切にして良いという気持ち（自尊感情）」や「私はこれで良いという気持ち（自己肯定感）」を取り戻したい	☑	11	炊事・洗濯・掃除など，家事をもう少しこなせるようになりたい	☑
5	私（親）の身体の健康を取り戻したい	☐	12	家事についての悩みを軽くしたい	☐
6	子どもの身体の面での健康をはかりたい	☐	13	子どもが多い，としご・多胎児などからくる悩みを軽くしたい	☐
7	子どもの心（情緒面）の健康をはかりたい	☐	14	その他（　　　　　　　）	☐

図13-18　初回訪問シート（提供：ホームスタートジャパンを一部改変）

初回訪問	・ホームスタートの説明・利用申込書の記入 ・初回訪問シートを使って利用ニーズの把握（孤立感・ 　自尊心，効力感低下など有）を行う	オーガナイザー
紹介訪問	・義母と同世代のベテラン，ビジターさんを紹介 ・母親は少々緊張している様子 ・子どもはビジターさんと遊んでいる	オーガナイザー　ホーム ビジター
第1回目訪問	・前半はお茶を飲みながら母親と過ごす ・子どもは時折，ビジターに関わってくる ・後半，母親と一緒に引っ越し荷物の片づけをする	ホームビジター
第2回目訪問	・前半，子どもは眠っていたので母親と一緒に引っ越 　し荷物の片づけと部屋の掃除をする ・子どもが起きてからは母親と3人で部屋で遊ぶ	ホームビジター
第3回目訪問	・近所の公園まで3人で散歩に行く ・子どもは公園で大はしゃぎしながら遊ぶ ・帰り道，スーパーで夕飯の食材を買って帰る	ホームビジター
第4回目訪問	・バスで10分程で行ける子育てひろばへ3人で出かける ・事前に予約していたのでスムーズに利用ができ母親も 　子どももスタッフさんと馴染めていた	ホームビジター
家族との 評価訪問	・初回訪問シートを使ってニーズの充足度合いを確認す 　る ・母親はホームスタート利用に満足し，ビジターが今後 　来ないことに対して寂しさを話していた	オーガナイザー

図13-19　ホームスタートの支援経過

(3) モデルに基づく事例の解説

　ホームスタートは，保育ソーシャルワークで説明すると第10章にある「地域を基盤にしたソーシャルワーク」になります（鎮，2019）。そして，ある意味，保育カウンセリングと融合した社会的子育ての実践モデルそのものでもあるといえます。

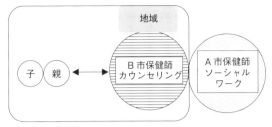

＜モデル３変則形：支援者２名＞

図13-20　連携モデル（ホームスタート）①

　第Ⅰ期では母子保健領域の保健師のネットワークが，その始動となっている
ことが理解できます。そして転入先のＢ市の保健センターではケースカンファ
レンスを開いてＢ市の社会資源のひとつであるホームスタートへつなげよう
とする方向付けを行っています。つまり，この実践は両市の保健師がソーシャ
ルワーク的な実践をしていたわけです。そして，結果的にはホームスタートの
オーガナイザーと保健師が家庭訪問をすることになりますが，この結果に至る
過程の裏側では保健師と母親との間で電話による話し合いがされていたことが
容易に想像できます。加えてこの話し合いでは，保健師が母親の不安や積極的
になれない気持ちに寄り添い家庭訪問を受ける気持ちになるまで相当な時間と
心理的な配慮に基づくコミュニケーションが行われていたはずです。つまり，
この場面での保健師はカウンセリング的な実践を行っていたといえるでしょう。
つまりモデルで表すと第Ⅰ期のＢ市の保健師の実践事例は図13-20のような
モデル３に似たモデル図となります。

　第Ⅱ期は保健師とオーガナイザーが家庭訪問をしている事例ですが，この場
面でカウンセリング的な関わりをしているのは保健師で，子どもと一緒に遊ぶ
関わりをしているオーガナイザーは実践する環境を家庭とした場合，図13-21
のようなモデル３に似たモデル図になります。

　第Ⅲ期と第Ⅳ期はホームスタートそのものの実践例で，ホームビジターだけ
が家庭訪問している実践場面を捉えると図13-22のようなモデル３に似たモデ
ル図になります。ホームビジターが家庭訪問をし協働しながらの傾聴と家庭で
支持的・受容的な対応を実践することは保育カウンセリングとの一部を担って

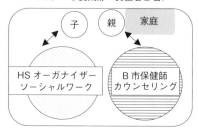

<モデル３変則形：支援者２名>

図13-21　連携モデル(ホームスタート)②

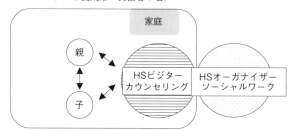

<モデル３変則形：支援者１名>

図13-22　連携モデル（ホームスタート）③

いるといえます。また，オーガナイザーの，初回訪問時に訪問シートを使って面接をしながら母親のニーズを把握する部分や，最終訪問時の家族との評価場面での実践も保育カウンセリングといえます。

　一方，オーガナイザーが初回訪問後に，登録している複数のホームビジターの中から，経験を多くしている受容的な態度が得意なベテランのホームビジターをマッチングした実践などは保育ソーシャルワークであるといえます。

　以上のように保育カウンセリングと保育ソーシャルワークが融合しているホームスタートの実践は，ソーシャルワーク領域でいう法律・制度に基づく行政サービスなどのフォーマルサービスと，ボランティア活動のように住民の自主的な活動などのインフォーマルサービスの融合モデルともいえます。本事例は，まさしく保健師という母子保健の行政サービスの分野の専門家が心配な親子を発見し，子育て支援拠点施設（オーガナイザー）に引き継ぎ，地域住民ボランティアが家庭訪問をして親子を支え，その親子が子育て支援拠点施設に通

う第一歩を踏み出すという過程を捉えた，まさに社会的子育てを体現している実践なのです。

── コラム❽ ──

社会的子育ての中での里親とは

「里親」という言葉を聞いたことがあるでしょうか。

日本では，孤児や子沢山の家庭の子どもを預かり育てることや，家名を残すための養子縁組は古くから行われてきました。第二次世界大戦後は多くの戦災孤児があふれ，それらの子どもを保護するため，里親の法制度が敷かれるとともに，人身売買や子どもの労働を防止するための策も講じられました。このような歴史的背景の中，里親への委託費支給や研修制度の拡充は遅れをとってきたといわざるを得ません。

しかしながら，政府は2011年に家庭的養護すなわち里親を優先するとの方針を打ち立て，東日本大震災後の親族里親制度の見直しを経て，現在は，「養育里親」，養育里親のうち特に配慮が必要な里子を養育する「専門里親」，「養子縁組里親」，「親族里親」に加え，週末や長期休暇に数日から１週間程度里子を養育する「季節・週末里親」のような形での里子の迎え入れを推奨しています。2020年10月の厚生労働省による里親制度に関する報告によれば，全国で約5500人が里親に，約1550人がファミリーホームに委託され，その割合は，社会的養護が必要な18歳までの児童の20.5％です。10年前の同じ統計値が10.5％であったことから，10年間で飛躍的な伸びを示していることがわかります。

しかし，筆者が所属する研究チームが行った調査によれば，障害や里親宅に来るまでの壮絶な経験，本来持っている気質，里親やきょうだい（里親の実子や他の里子）との相性などの要因が複雑にからまって，里親や周囲の人々と心を通わせるのが苦手な里子やかなり難しい里子も少なくありません。里親家庭に来たばかりのころ，思春期になったころ，進路で悩み始めたころなど里子の成長が里親との関係に影響することも多々あります。ですが，里親ならでは，の喜びも沢山あると青葉紘宇さん（東京養育家庭の会）は語ってくれます。

「里親は外から見ると苦労が多いと映るようです。どこの親子でも経験する道を辿るだけなのですが。親子で壁を越えるごとに，楽しさも倍増します。幼児の可愛さは別格として，思春期ともなると親子の対立も半端で

はありません。この写真は，高校を卒業しアパート生活に入った里子が，反対を押し切ってバイクを買い，同じころ社会に出た里子とドライブを強行しようとしているところです。里母にセリフを付けてみてください。

　里母「二人乗りは止めなさいったら！　いい加減にしなさい。事故ったら，どうするの！」
　里子「ヘルメットも被っているし，大丈夫……大丈夫」
　里母「勝手にしなさい。葬式には行かないからね！」
　子どもはどんどん成長し，自分を作っていきます。そして巣立っていきます。今ではこの２人も結婚して，子どもを連れてわが家にやってきます。子どもの頃に暮らしを共にすることが絆を育て，その絆は年月を経ても続きます。」

　実は，里親委託率が５割を占める国も多く，７割，９割を占めている国もあり，日本でも今後のさらなる里親委託が期待されています。共働き夫婦や実子のいる夫婦も里親として活躍されていますし，時代の要請からシングル里親さんも少しずつですが増えています。今後は，「里親手当をもらっているんでしょ」や「なぜ他人の子をわざわざ育てるのか」といった社会の無理解や偏見をなくすことに加え，たとえ意に反した措置になるにしても子ども自身が意見を表明する機会を提供すること，実際にかかる養育費や里子と里親が直面している諸課題に即した制度の見直し，「もっと早くから養育したかった」という里親の思いを実現させていくことなどが，「里親の輪」を広げることにつながるでしょう。
（石田祥代）

5　地域社会で子育てをするということ

　本章では，「保育カウンセリング」と「保育ソーシャルワーク」の融合を，
より理解しやすいようにモデルとして提示して，それぞれの現場の事例と照ら
し合わせながら説明してきました。そして，この融合モデルを見てみると「そ
の保育現場において実際に保育カウンセラーや保育ソーシャルワーカーという
専門職が配置されているか否か」という物理的・人的側面を表している点と，
それとは別に「その保育現場の職員の中でカウンセリングやソーシャルワーク
の技術を用いた実践を誰が担っているのか」という機能的側面の2つの面を表
している点に気がつきます。具体的に，この融合モデルが示す3つのモデルは
物理的・人的側面に基づき「分業モデル」，「協業モデル」，「兼務モデル」とい
う区分で意味づけされるかもしれません。

　この観点で改めて本章で提示した事例 13-1 から事例 13-5 を見てみると，モ
デル1すなわち支援現場にカウンセラーとソーシャルワーカーをそれぞれ個別
に配置しているケースは，ほとんど存在していない事実が理解できます。つま
り，現状の子育て支援現場では，カウンセリングとソーシャルワークの機能を
誰かが融合させて実践しているか，あるいは融合せずに現場の中では，どちら
かの機能を保有し，もう一方は外部機関に任せる形の状態で実践しているか，
実践の中では，それらの機能を行わずに外部機関に求めているかなどの実態が
存在していることが推測できます。

　子育て支援を必要とする家庭は，一見すると何も問題がないように見える家
庭でも，それぞれにさまざまな事情を抱えている場合が時に存在します。例え
ば，子どもの側に何らかの育てにくさがある場合，保護者の側に子育てのスト
レスを抱えやすい要因がある場合，さらに複雑で不安定な家庭環境や経済的な
不安など養育環境に困難がある場合などがあり，さらに複数の事情が重なって
いる場合も少なからず存在しています。

　このような子育て家庭を取り巻く社会環境が変化してきている現在，以前の
保育のように子どもを預かりさえすればよいという保育では対応しきれなく
なってきています。本書で提言する融合モデルはまさしく保護者への子育てに

関する心理的なサポート（保育カウンセリング）と，地域の社会資源を活用し養育環境を整えていくサポート（保育ソーシャルワーク）が融合された実践としてモデルに表したものです。そして，地域社会で子育てをすることの充実には，この融合的な実践を通じ社会全体で子育てを切れ目なく支援していく体制づくりが，今，求められているのです。

（藤後悦子・柳瀬洋美・野田敦史）

（1）利用者支援事業：「子育て家庭や妊産婦が，教育・保育施設や地域子ども・子育て支援事業，保健・医療・福祉等の関係機関を円滑に利用できるように，身近な場所での相談や情報提供，助言等必要な支援を行うとともに，関係機関との連絡調整，連携・協働の体制づくり等を行う」ことを目的とした事業です（内閣府・文部科学省・厚生労働省，2015）。

●引用文献

ホームスタート・ジャパン（編）（2011）．家庭訪問型子育て支援ホームスタート実践ガイド　明石書店

厚生労働省（2017a）．保育所保育指針（平成29年告示）　フレーベル館

厚生労働省（2017b）．子育て世代包括支援センター業務ガイドライン

内閣府・文部科学省・厚生労働省（2015）．利用者支援事業ガイドライン

日本保育ソーシャルワーク学会（編）（2018）．保育ソーシャルワークの世界：理論と実践　晃洋書房

鎮　朋子（2019）．ソーシャルワークの考え方　倉石哲也・伊藤嘉余子（監修）　倉石哲也・鶴　宏史（編）　保育ソーシャルワーク　ミネルヴァ書房　pp. 2-14.

ホームスタート──住民参加による「傾聴」「協働」のボランティア活動

　ホームスタートは，1973年にイギリスで始まった訪問型子育て支援ボランティアです。乳幼児が一人でもいる家庭に，週1回2時間程度訪問し，共感的な傾聴と家事や育児を親と一緒に行う活動です。活動形態の特徴は，「傾聴」と「協働」です。子育て経験者のボランティアが同じ目線で保護者の話を聴くことで，保護者をエンパワメントしたり気持ちの整理をしたりする機会になります。また，この傾聴の機会を担保し，一層促進するのが「協働」です。多くの保護者の隣には乳幼児がいて，家事も育児も止めることはできません。家事や育児を一緒にしながら傾聴しなければなりません。一緒に家事や育児をしながらの会話は緊張感を緩め，より共感的な傾聴を深めます。また，この協働の副次的効果として保護者が家事・育児を選択的に学ぶモデリングの機会にもなっています。

　日本でのホームスタートの実践は，2008年からはじまり現在では全国に100数か所の活動拠点（スキーム）が設置されています。スキームは主に子育てひろばや支援センター，児童福祉施設を運営している組織が行っていることが多く，利用を希望するご家庭は，直接スキームに申し込むか，地域の保健師さんなどの紹介で利用しています。子育て支援拠点に行くことをためらってしまう，あるいは行きたくても行くことができないなどの理由で子育ての喜びや悩みを共有できないお母さんたちにとって気軽に安心して利用できるサービスとなっています。

（野田敦史）

海外の子育て支援とその実践

　このコラムではフィンランドとデンマークの実践を取り上げます。2つの国の取り組みから，地域の特性や保有しているいろいろな社会資源を活用しつつ子育て家庭に寄り添った体制づくりが大切だということがわかります。

　最初に，近年，注目を浴びているフィンランドの「ネウボラ」とは，どのような機関でしょうか。ネウボラ（Neuvola）は「情報・アドバイス＋場」を語源とし，お母さんの妊娠から子どもが就学するまでの様々な相談にのり，支援が必要な場合は具体的なサービスに結びつける地域保健センターです。その特徴として，①利用者が相談する内容によって窓口を探さなくてもよいワンストップの拠点型センターであること，②妊娠から子どもが就学するまではネウボラで一貫して相談できる継続支援の体制であること，③集団ではなく個別援助相談を原則としていることが挙げられます。ただし，妊娠中と出産後を分けて運営しているネウボラもあり，また，保健師さん自身の出産や移動で担当保健師が変わる場合もあります。

　ネウボラでの相談には，妊娠したかどうかの尿検査，父親が育児に参加しやすい環境の調整，父親ときょうだいを含めた家族全体への検診，要支援者への福祉サービスの調整が含まれ，必要と認められた場合には検診の時間を長くし，回数を多くすることで，より丁寧に検診や聞き取り，助言を行います。日本の保健センターとの類似点は，福祉健康省（注：社会保険省や社会保険庁と翻訳する報告書も多い）が管轄で，市町村に相当する自治体が運営している点，無料で検診と相談ができる点です。全国の311自治体（2019年統計値）に約850か所が設置されています。社会保険事務所，就労や生活について相談できるユースステーション，精神保健福祉センター，各種検査を受けられる窓口等と同じ場所に置いているネウボラもあります。日本でも総合福祉保健センターとして，障害者や母子，高齢者への福祉と保健をできるような運営方法を取っている自治体もあることから，このように相談機関の場を集めるシステムが早期発見や要支援者と支援をつなげやすくする方策になっていることがわかります。

　一方，デンマークでは，出産に関する相談，乳幼児の予防接種，検診は家庭医が担っており，予約をとってからの受診・相談です。朝の忙しい時間帯で電話予約するのに手間がかかる，や，一連の検査結果記録カードを次回の検診や相談時に持参しなければならず，日本の母子健康手帳のように冊子になってい

るほうが管理しやすいといった声も耳にします。ちなみに，フィンランドのネウボラにおける検診や相談，その対応に関する観察記録は電子データで管理され，50年間保管し，就学後の相談支援にそれらの記録が活用される場合もあります。

　このようにデンマークの乳幼児健診は，フィンランドほど丁寧には行われていない印象ですが，就学前から義務教育期修了までの教育相談を行っている教育心理研究所は注目に値します。その役割は，国策を実施するための実践研究に加え，子どもの発達，養育や教育についての保護者からの相談，小中学校での心理相談やカウンセリング，障害児の就学相談，幼稚園・小中学校への巡回指導，特別支援教育の体制整備，現職教職員の研修等，教育に関係する事業の中心を担います。日本の市町村教育委員会の役割と似ている部分があり，以前は研究所内で相談を受けることが多かったそうですが，ここ10年ほどかけて，その体制をよりオープンにしました。例えば，小中学校に研究所の心理カウンセラーが在中することで，要支援児の情報が共有しやすくなります。また，必要なときに相談に来てもらえるよう（保育所入所前の親子が無料で自由に利用できる）オープンプリスクールに研究所職員が参加し，母親に顔を覚えてもらうそうです。
（石田祥代）

フィンランド・ネウボラの個別援助相談室

第14章

社会的子育てを実現する
コミュニティづくり

　本書では，社会的子育ての実現に向けて，"人とつながる"「カウンセリング」と"社会をつなぐ"「ソーシャルワーク」が螺旋的に融合することで，より細やかな幅の広い支援が可能になることについて述べてきました。最後に少し話を広げて，"人とつながる"「カウンセリング」と"社会をつなぐ"「ソーシャルワーク」を生かしたコミュニティづくりについて考えます。

1　「わが子中心主義からの脱却」と「無関心から温かいまなざしへ」

　私が専門とするコミュニティ心理学は，個人と社会の融合を目指しています。その際，個人の努力や変容ばかりを求めるのではなく，問題が発生しないような環境を作っていくことを重視します。すなわち健全な子育てや子育ちが可能となる環境，コミュニティづくりを目指していきます。第1章のところでも取り上げましたが，母親中心の子育てでは，限界がありますし，ややもするとわが子中心主義につながる可能性も高いのです。結婚や出産は個人の自由ですが，どのような環境であっても，すべての子どもたちが幸せになれるよう社会的子育ての制度や風土を作っていきたいものです。

　私は3人の子どもの子育てを通してこの「社会的子育て」の必要性を痛感しました。以来，博士論文は，自分の子どもだけではない，地域の子どもたちへの養護性（ナーチュランス）について研究してきました。はじめに子育て中の方々へのインタビューを通して，自分の子どもだけではなく，地域の子どもた

ちにも温かいまなざしを向けられる人の特徴を明らかにしました。何人もの人にインタビューを行った結果，①自身が小さいころ，家族が他者に開かれており，多くの人たちが家の中を出入りしていた。②地域の中で地域の大人たちから可愛がってもらったり，声をかけてもらった。③異年齢で遊んだ経験が豊富だった，などが地域の子どもへの養護性（ナーチュランス）に影響を与えていることがわかりました（藤後，2012）。すなわち血縁を超えた社会的子育てを実現するためには，これら3つのこと，つまり家族が多くの人たちと交流し，地域の大人から地域の子どもたちがかわいがられ，異年齢の子どもたちが遊び込む経験ができる環境を社会として保障していく必要があるのです。

　それでは，すでに大人になった私たちが，社会的子育てを目指すにはどのような意識改革が必要でしょうか。子育て中の方は，わが子中心主義からの脱却が望まれます。そして子育てに関わっていない人は，地域の子どもへの温かいまなざしを持つことが望まれます。わが子中心主義は，他の子どもへの排他的態度のみではなく，最終的に子どもを自分の思い通りにしたいという支配的欲求につながります。この支配的態度を増幅させる原因の一つに傷つきやすい親の自己愛や成果主義などがあるのです。傷つきやすい親の自己愛を修復するには，まずは親自身が受容される経験が必要なのです。そのためには，地域の人など第三者や専門職から受容される経験や大事にされる経験が得られるとよいでしょう。親を直接受容するのではなく，子どもを受容することを通して親の

写真14-1　石川さんと木村さんに駆け寄り握手する子どもたち

受容感を促してあげてもいいでしょう。地域全体で温かく親子を包み込むことが，まさに社会的子育ての原点です。

2 「地域の子はみんな外孫！」

3枚の写真を紹介します。これこそがまさに社会的子育ての実践ではないかと思います。私が日々参加しているラジオ体操＆太極拳の皆さんたちとの一コマです。朝7時からラジオ体操を行っていると，保育園に通う途中の2歳児の双子の男の子が「おばあちゃん！！」と走ってきます（写真14-1）。地域住民である石川さんと木村さんが，手を振って2人を待ち構えていて，抱きかかえて挨拶するのが日課となっています（写真14-2）。それをラジオ体操の皆は温かく見守っています。ある日，この男の子たちが「おばあちゃん！」ではなく，「みんな！」と言って駆け寄ってきたのです。「大好きなおばあちゃん」という1対1の関係から，「大好きな地域のみんな」と多人数との関係に変化した瞬間でした。特定の人への愛着から，「他者への信頼感」へと広がっていったように思えてなりませんでした。現代社会では，「自己への信頼感」とともに「他者への信頼感」の形成が難しいとされています。このように母親のみでなく，地域の人たちからの温かいまなざしこそが，子どもたちの人間としての成長を

写真14-2　地域の子をかわ
　　　　　いがる石川さんと
　　　　　木村さん

写真14-3　本書カバーの泣いている
　　　　　男の子が大学生（左端）と
　　　　　なり地域の方と会話を楽し
　　　　　んでいる様子

促すのです。そして，小さいときのみでなく，大きくなっても地域の中で育ててもらっているのです（写真14-3）。「地域の子はみんな外孫！」。これが石川さんの合言葉です。

3　地域を子どもたちの庭と見立てる

　子どもたちが育つためには，家庭，学校や保育所，地域という３つの居場所が必要といわれています。しかし子どもたちは昔のように地域を使って自由自在に遊ぶ機会が急激に減っています。地域の大人も子どもたちと交流する機会が激減しています。その中で地域を巻き込んだいくつかの面白い試みを紹介しましょう。「もらい湯」や「地域マップづくり」などです。もらい湯とは山間部に残っている伝統で，子どもたちが地域住民のお風呂に入らせてもらい，お風呂上がりに地域のお家でお茶やお菓子を囲んで交流します。地域マップ作りは，子どもたちが地域の方々を先生として，地域を回りながら様々なことを教えてもらい，それを地域マップとして作成します。例えば地域の魚屋さんに行って，子どもたちに魚のことを教えてもらえる「さかなせんせい」の印を地域マップに入れます。このように地域に先生を広げていくのです。これらは，コミュニティデザインと位置付けることもできるかもしれません。読者の方々には，"人とつながる"，"社会をつなぐ"というカウンセリングやソーシャルワークの技法を踏まえたコミュニティづくりの実践をぜひ期待します。

4　科学的根拠に基づいた発信

　さて，社会的子育てを目指して様々な試みを展開した際，「うまくいったね！」「もう少し工夫すればよかったね」という主観的な評価だけではなく，実際にどのような効果があったのか，成功した要因，失敗した要因は何だったのかを客観的に分析していく必要があります。社会問題の解決に向けての介入計画，実施，評価という一連の科学的アプローチをプログラム評価といいます。プログラム評価は，研究法にも精通しているカウンセラーやソーシャルワーカーの腕の見せどころともいえるでしょう。科学者－実践家として，実践の効果を明

らかにし，それを内外に発信してほしいと思います。根拠があるからこそ，補助金が得やすかったり，補助金に対する説明責任が可能となりますし，何よりも科学的根拠は世論を動かすきっかけにもなります。

5 社会的子育てを通した文化づくり
——保育は文化の伝承——

　保育現場を通して社会的子育てを考える際に忘れてはならないことは，第1章でも述べたとおり，どのような社会を目指していきたいかというビジョンを持つことです。すなわち，親も子も地域の人も，そして地域社会そのものも成熟できるような Well-Being な社会を目指していくことを念頭に置いてほしいと思います。それを保育現場が中心に担うことで，子も親も子育てを通して幸せになり，かつ地域で豊かな子育て文化も伝承していくことができるのです。成熟した社会を次の世代にも伝えていくために，社会的子育ての実現を目指し，"人とつながる"「カウンセリング」と"社会をつなぐ"「ソーシャルワーク」を生かしたコミュニティづくりを，実践していただけることを願っています。

（藤後悦子）

●参考文献
藤後悦子（2012）．中学生のナーチュランスを形成する発達教育プログラム　風間書房

━ コラム⓫ ━

ケニア・グシイ社会における子育て

　東アフリカのケニアには約40以上の民族があり，筆者は，最も多産である西部のグシイの人々の地域でフィールドワークを行ってきました。1998年の調査では，多産の理由の一つは，乳幼児死亡率が高いことによる多産多死の状況，そしてもう一つは文化・社会的な背景によるものでした。グシイは父系社会で一夫多妻婚のため，慣習法では土地や財産（家畜等）は父から息子に受け継がれます。多くの妻を持ち，たくさんの子ども（特に息子）を持つことにより，男性は社会での尊敬が高まるとされていました。

しかし近年一夫多妻であることは少なく，母親たちは「教育にお金がかかるから」という理由で子どもの数を減らしたい傾向にあります（宮地，2001）。90年代に比べると，現在はケニアでも大学の数が増え，親がローンを組んで大学に進学させようと頑張る姿があります。農村でも電気や携帯電話が一般的になり，さらに都市や海外に出稼ぎに行く人もいるなど，様々な変化があります。

　子どもが少なくなる中で，そして社会環境が変化する中で，「子育て」はどう変化しているのでしょうか。ルバイン夫妻のグシイに関する研究では，乳幼児のケアについて1950年代と1970年代を比較したところ，親以外では，「姉」が半数近くを占めているという傾向は同じでしたが，1970年代には子守を雇うという新しい傾向が示されています（LeVine et al., 1994）。グシイの人々が住むキシイ県は，気候も土壌にも恵まれ，ケニア有数の農産地でもあります（松園，1991）。女性は畑仕事や家事に忙しく，母親に代わって赤ん坊の世話をするのは姉や兄という光景はよく目にします。また祖父母世代は一夫多妻の人が多いため，近所には助け合う親族がいます。それは祖父には複数の妻がいて，祖父の持つ土地に各息子たちがそれぞれの家庭を持つからです。それら拡大家族では，微妙なバランスを取りつつも，同じ地域で互いに助け合い，子育てに親以外の人も自然と関わっている様子がうかがえます。

　また働き世代の男女が，都会に出稼ぎに行くことも多くなりました。そのため農村に住む祖母が幼い孫たちの面倒を見るというスキップ・ジェネレーション世帯も珍しくありません。おばあさんに「孫育ては体力もいるし大変じゃないの？」と聞くと，「孫がいてくれてうれしい。どこが大変なんだい？」と笑顔で答えます。

　「グシイ」という民族としてのアイデンティティや大人としての立ち振る舞いなどは，このように拡大家族や地域との関わりの中で育まれていると感じます。

（宮地歌織）

【文献】
松園万亀雄（1991）．グシイ　ケニア農民のくらしと倫理　弘文堂
宮地歌織（2001）．グシイ農民の避妊行動に見るジェンダー関係の諸相　松園万亀雄（編）東アフリカにおける国家主導の社会・文化変化と地域的適応に関する動態論的研究　科研成果報告書　pp. 92-100.
LeVine, R. A., Dixon, S., Levine, S., Richman, A., Leiderman, P. H., Keefer, C. H., & Brazelton, T. B. (1994). *Childcare and Culture : Lessons from Africa*. Cambridge : Cambridge University Press.

多世代・多様な人たちの中で育ち合う地域づくり（共同子育て）

　現代社会では，人を様々なカテゴリーに分類し，教育・支援するシステムができています。保育園，幼稚園，小・中学校，高校，大学，高齢者施設，障害者施設──。私たちは年齢，学年，属性などにより分けられ，均一な人たちや価値観の中で育てられてきました。

　カテゴリーによって分けることは，安全のため，効率のためにはメリットもありますが，そのことによる歪みが社会のあちこちに表出してきていることも確かです。一見均一に見える中でも一人ひとりは違う人間であり，違う思いや価値観を持っています。そして，実際の社会は老若男女，障害のあるなし，国籍や文化の違いなど，様々な違いを持つ人たちで構成されています。私たちは生まれたときはみんな赤ちゃんで，病気をしたり怪我をしたりしながら歳をとっていきます。どんなに元気な人も，高齢になれば社会生活には様々な障害を感じるようになるはずです。

　ダイバーシティやインクルーシブなどを目指す時代，子どもたちが育つ場に多様性が必要なのはいうまでもありません。これからは分断されてしまった多様な人たちを，再びつなぎ直す場をつくる必要があるといわれています。

　そのことを肌で感じ，豊かな体験ができる場所が東京都小金井市にあります。保育所，認知症のデイサービス，地域の寄り合い所の3つの機能を併せ持つ「地域の寄り合い所　また明日」という福祉施設です。

（写真出所）『新しい時代の共生のカタチ〜地域の寄り合い所　また明日』（太田美由紀著）より
　　　　　撮影：藤田浩司

午前中は保育所の乳幼児とデイサービスに通う認知症のお年寄りがゆったりと過ごし，子育て中の親子が遊びに来ておしゃべりを楽しむこともできます。放課後になると地域の小中学生が遊びに来ます。様々な世代の人たちがふらりとお茶を飲みに立ち寄ったり，畑でとれた野菜を届けにきたりします。障害のある子もない子も，国籍や母語の異なる子もともに過ごしています。ワンフロアで仕切りのないスペースでは誰もが自由に交流することができ，お互いの気配や様子を感じながら自由に過ごすことができる場所です。

　認知症のお年寄りが赤ちゃんにミルクを与え，幼児がお年寄りにくずかごを持ってきたり，足元のおもちゃをよけてあげたりします。放課後にやってくる小学生が泣いている赤ちゃんを抱っこしてあやすと，お年寄りが「あら，上手にあやすわねえ」とほめてくれ，それがきっかけで保育士を目指す子もいるそうです。洗濯物のタオルをお年寄りと幼児とで何度もたたみなおして楽しみます。お年寄りが幼いころに遊んだ草遊びや折り紙も今の子どもたちにとっては新鮮です。中学生が小さい子を抱っこしながら「恋バナ」をしている様子を見ていると，いつか親になったときの姿が目に浮かぶようです。

　スタッフとそれぞれの人の関係性も，支援する人，支援される人という一方通行のものではありません。もちろん，その場の安全はスタッフがしっかりと見守り支えていますが，利用者同士や利用者とスタッフの間でお互いに支え支えられる関係性ができています。誰かが困っていれば助けたいと思い，行動する。そうした関係性は，「指示をしたりルールを作ったりしなくても，お互い

（写真出所）『新しい時代の共生のカタチ〜地域の寄り合い所　また明日』（太田美由紀著）より
撮影：藤田浩司

188

を思う気持ちがあれば自然にできていく」とその施設を運営する森田眞希さんは話していました。

　子どもたちに、「お年寄りに親切にしましょう」「お友達と仲良くしましょう」「お手伝いをしてください」などという必要はありません。子育てとは、年長者が小さな人たちに一方的に「教える」「指導する」ことではなく、この社会の中で、多様な人たちがどのように支え合い、思いやりながら暮らしているかを子どもたちが見て、まねをして、自らゆっくりと学んでいくことなのかもしれない。そのことを「地域の寄り合い所　また明日」から教えていただきました。

　このような場所は、いま、日本全国で少しずつ増えています。地域によってその取り組みは様々で、月に数回の子ども食堂を多世代の居場所にしたり、空き家を週に数日地域の居場所として開放したりしているところもあります。そこで顔見知りになった人たちは、道ですれ違い、公園や買い物で出会ったときにも声をかけ、いざというときには支え合える関係になっています。

　「地域の寄り合い所　また明日」とまったく同じように再現することは難しくても、自分から心を開き、違う世代の人、違う価値観の人と交流を深めることを心がければ、どんな場所でもできることです。散歩でよくすれ違う人にこちらから挨拶をしてみる、困っている人がいれば「どうしましたか？」と声をかけてみる。そんな小さなことから自分の周りを変えていくことができます。そしてそれは、子どもたちが育つ地域をつくることにつながっていくはずです。

（太田美由紀）

事 項 索 引

人名索引

【執筆者一覧】
（五十音順，＊は監修者，＊＊は編者）

石田祥代（いしだ・さちよ）
千葉大学教育学部教授
博士（心身障害学）
小学校教諭一種・中学校教諭一種・高等学
校教諭一種・特別支援学校教諭・保育士
担当：コラム 7・8・10

及川留美（おいかわ・るみ）＊＊
東海大学児童教育学部准教授
幼稚園教諭専修
担当：第 1 章 3・4 節，第 7 章，コラム 3・4

太田美由紀（おおた・みゆき）
編集者・ライター
担当：コラム 12

大屋寿朗（おおや・としろう）
特定非営利活動法人子どもと文化の NPO
Art.31 代表
担当：コラム 6

岡本　一（おかもと・はじめ）
社会福祉法人杉の実福祉会認定子ども園槻
田杉の実保育園園長
北九州市私立保育連盟青年会議会長
担当：コラム 2

藤後悦子（とうご・えつこ）＊・＊＊
東京未来大学こども心理学部教授
博士（学術）
公認心理師・臨床心理士・臨床発達心理
士・保育士
担当：第 1 章 1・2 節，第 3～5 章，第 12 章，
　　　第 13 章（共著），第 14 章

藤後淳一（とうご・じゅんいち）
社会福祉法人わらしこの会　理事
あかね雲行政書士事務所　所長
行政書士・介護福祉士・保育士
担当：コラム 5

西村実穂（にしむら・みほ）
東京未来大学こども心理学部講師
博士（学術）
保育士・看護師・保健師
担当：第 11 章

野澤純子（のざわ・じゅんこ）
國學院大學人間開発学部教授
博士（ヒューマン・ケア科学）
公認心理師・臨床発達心理士・保育士
担当：第 8 章

野田敦史（のだ・あつし）＊＊
高崎健康福祉大学人間発達学部准教授
修士（社会福祉学）
社会福祉士・介護福祉士
担当：第 10 章，第 13 章（共著），コラム 9

則内まどか（のりうち・まどか）
東京都立大学人間健康科学研究科客員研究員
博士（保健科学）
作業療法士
担当：コラム 1

宮地歌織（みやち・かおり）
佐賀大学教育学部客員研究員
専門社会調査士
担当：コラム 11

柳瀬洋美（やなせ・ひろみ）＊＊
東京家政学院大学現代生活学部准教授
公認心理師・臨床心理士・保育士・幼稚園
教諭一種・小学校教諭一種
担当：第 2 章，第 6 章，第 9 章，第 13 章（共
　　　著）

社会的子育ての実現

人とつながり社会をつなぐ，保育カウンセリングと保育ソーシャルワーク

2022年4月30日　初版第1刷発行　（定価はカヴァーに表示してあります）

監修者　藤後悦子
編著者　藤後悦子
　　　　柳瀬洋美
　　　　野田敦史
　　　　及川留美
発行者　中西　良
発行所　株式会社ナカニシヤ出版
　　　〒606-8161　京都市左京区一乗寺木ノ本町15番地
　　　Telephone 075-723-0111
　　　Facsimile 075-723-0095
　　　Website http://www.nakanishiya.co.jp/
　　　Email iihon-ippainakanishiya.co.jp
　　　郵便振替　01030-0-13128

装幀＝白沢　正／印刷・製本＝亜細亜印刷
Printed in Japan.
Copyright©2022 by E. Togo, H. Yanase, A. Noda, & R. Oikawa
ISBN978-4-7795-1659-7